LES VILLES DU MOYEN ÂGE

ESSAI D'HISTOIRE ÉCONOMIQUE ET SOCIALE

HENRI PIRENNE

ALICIA EDITIONS

TABLE DES MATIÈRES

Avant-propos   v

1. LE COMMERCE DE LA MÉDITERRANÉE JUSQU'À LA FIN DU VIIIe SIÈCLE   1
2. LA DÉCADENCE COMMERCIALE DU IXe SIÈCLE   14
3. LES CITÉS ET LES BOURGS   31
4. LA RENAISSANCE DU COMMERCE   43
5. LES MARCHANDS   59
6. LA FORMATION DES VILLES ET LA BOURGEOISIE   73
7. LES INSTITUTIONS URBAINES   94
8. L'INFLUENCE DES VILLES SUR LA CIVILISATION EUROPÉENNE   119

VILLES, MARCHÉS ET MARCHANDS AU MOYEN ÂGE

Villes, marchés et marchands au moyen âge   133

AVANT-PROPOS

Ce petit livre contient la substance de leçons faites dans diverses Universités des États-Unis d'Amérique. Le texte anglais en a été publié en 1925 sous le titre : *Medieval Cities. Their origins and the revival of trade* (Princeton, University Press). Quelques personnes ayant exprimé le désir d'en voir paraître une édition d'un prix plus approprié à l'état actuel des changes, je me suis décidé à en donner le texte français. Il ne comporte d'autres changements que de légères retouches à l'annotation.

On ne trouvera rien ici d'un manuel didactique. Je me suis simplement proposé de consacrer un essai de synthèse à l'un des sujets les plus intéressants de l'histoire sociale de l'Europe. J'espère que l'on m'excusera de n'avoir pu résister à la tentation de décrire, après de longues années de recherches spéciales, les grands mouvements de l'évolution urbaine depuis la fin de l'Antiquité jusque vers le milieu du xiie siècle. La nature de ce travail ne me permettait ni de m'attarder en controverses ni de m'abstenir d'hypothèses. Parmi celles-ci il en est qui paraîtront peut-être assez hardies. Je serai heureux si elles rencontrent quelque adhésion. Je le serai davantage si elles suscitent de nouvelles recherches dans un domaine où, en dehors des chemins battus, bien des parties restent encore à explorer.

Sart-lez-Spa, 11 *août* 1926.

1
LE COMMERCE
DE LA MÉDITERRANÉE
JUSQU'À LA FIN DU VIIIE SIÈCLE

Si l'on jette un coup d'œil d'ensemble sur l'Empire Romain, ce qui frappe tout d'abord, c'est son caractère méditerranéen. Son étendue ne dépasse guère le bassin du grand lac intérieur qu'il enserre de toutes parts. Ses frontières lointaines du Rhin, du Danube, de l'Euphrate, du Sahara forment un vaste cercle de défenses destiné à en protéger les abords. Incontestablement la mer est tout à la fois le garant de son unité politique et de son unité économique. Leur existence dépend de la maîtrise qu'il exerce sur elle. Sans cette grande voie de communication ni le gouvernement, ni l'alimentation de l'*orbis romanus* ne seraient possibles. Il est intéressant de constater combien en vieillissant, l'Empire accentue davantage son caractère maritime. Sa capitale de terre ferme, Rome, est abandonnée au ive siècle pour une capitale qui est en même temps un port admirable : Constantinople.

Certes, depuis la fin du iiie siècle, la civilisation trahit un incontestable affaissement. La population diminue, l'énergie faiblit, les barbares commencent à ébranler les frontières, les dépenses croissantes du gouvernement s'acharnant à lutter pour la vie, entraînent une exploitation fiscale, qui de plus en plus, asservit les hommes à l'État. Pourtant, cette décadence ne paraît pas avoir atteint sensiblement la navigation de la Méditerranée. L'activité qu'elle présente encore contraste avec l'atonie qui, peu à peu, s'empare des provinces continentales. Elle continue à maintenir en contact l'un avec l'autre l'Orient et l'Occident. On ne voit point cesser l'intercourse des produits manufacturés ou des productions naturelles des climats si divers baignés par la mer : tissus de Constantinople, d'Édesse, d'Antioche, d'Alexandrie, vins, huiles et épices de Syrie, papyrus d'Égypte, blés d'Égypte, d'Afrique, d'Espagne, vins de Gaule et d'Italie. La réforme monétaire de Constantin basée sur le *solidus* d'or a même dû favoriser singulièrement le mouvement commercial en le dotant du bienfait d'un excellent numéraire, universellement usité comme instrument des échanges et expression des prix.

Des deux grandes régions de l'Empire, l'Orient et l'Occident, la première l'emportait infiniment sur la seconde, non seulement par la supériorité de sa civilisation, mais par le niveau beaucoup plus élevé de sa vitalité économique. À partir du ive siècle il n'y a plus de véritables grandes villes qu'en Orient, et c'est là aussi que se concentrent, en Syrie et en Asie Mineure, les industries d'exportation et en particulier celle des textiles, dont le monde romain constitue le marché et que transportent les bateaux syriens. La prédominance commerciale des Syriens est certainement l'un des faits les plus intéressants de l'histoire du Bas Empire[1]. Elle a dû contribuer largement à cette orientalisation progressive de la société qui devait aboutir finalement au byzantinisme. Et cette orientalisation dont la Méditerranée est le véhicule, est une preuve évidente de l'importance croissante de la mer à mesure que l'Empire vieillissant s'affaiblit, recule au Nord sous la pression des barbares et se resserre de plus en plus sur les rivages.

On ne peut donc s'étonner de voir les Germains, dès le début de la période des invasions, s'efforcer d'atteindre ces mêmes rivages pour s'y établir. Lorsque, dans le courant du iiie siècle, les frontières cèdent pour la première fois sous leur poussée, ils se portent d'un même élan vers le Sud. Les Quades et les Marcomans envahissent l'Italie, les Goths marchent sur le Bosphore, les Francs, les Suèves, les Vandales qui ont franchi le Rhin, loin de s'y attarder, se dirigent aussitôt vers l'Aquitaine et vers l'Espagne. Ils ne songent pas à se fixer dans les provinces septentrionales qui les avoisinent. Manifestement ils convoitent ces régions bénies où la douceur de l'air et la fécondité de la nature s'allient à la richesse et aux charmes de la civilisation.

Cette première tentative des barbares n'eut de durable que les ruines qu'elle causa. Rome conservait assez de vigueur pour repousser les envahisseurs au delà du Rhin et du Danube. Pendant un siècle et demi encore elle parvint à les contenir en y épuisant ses armées et ses finances. Mais l'équilibre des forces devenait de plus en plus inégal entre les Germains, dont la pression se faisait plus puissante à mesure que l'augmentation de leur nombre les poussait plus impérieusement à se répandre au dehors, et l'Empire, auquel sa population décroissante permettait de moins en moins une résistance dont on ne peut s'empêcher d'ailleurs d'admirer l'habileté et la constance. Au commencement du ve siècle, c'en est fait. L'Occident tout entier est envahi. Ses provinces se transforment en royaumes germaniques. Les Vandales s'installent en Afrique, les Wisigoths en Aquitaine et en Espagne, les Burgondes dans la vallée du Rhône, les Ostrogoths en Italie.

Cette nomenclature est significative. Elle ne comprend, on le voit, que des pays méditerranéens et il n'en faut pas davantage pour montrer que l'objectif des vainqueurs, libres enfin de s'établir à leur gré, c'était la mer, cette mer que durant si longtemps les Romains avaient appelée avec autant d'affection que d'orgueil « *mare nostrum* ». C'est vers elle que sans exception tous ils se dirigent, impatients de s'établir sur ses bords et de jouir de sa beauté. Si les Francs, au début, ne l'ont pas atteinte, c'est que, venus trop tard, ils ont trouvé la place occupée. Mais, eux aussi, s'obstinent à sa possession. Déjà Clovis a voulu conquérir la Provence et il a fallu que Théodoric intervînt pour l'empêcher d'étendre les frontières de son royaume jusqu'à la Côte d'Azur. Ce premier insuccès ne devait pas décourager ses successeurs. Un quart de siècle plus tard, en 536, ils profiteront de l'offensive de Justinien contre les Ostrogoths pour se faire céder par ceux-ci la région convoitée, et il est frappant de remarquer combien inlassablement la dynastie mérovingienne tend depuis lors à devenir à son tour une puissance méditerranéenne. En 542, Childebert et Clothaire risquent une expédition, d'ailleurs malheureuse, au delà des Pyrénées. L'Italie surtout attire la convoitise des rois francs. Ils s'allient aux Byzantins puis aux Lombards dans l'espoir de prendre pied au Sud des Alpes. Constamment déçus ils s'acharnent en nouvelles tentatives. Déjà, en 539, Theudebert a franchi les Alpes et lorsque Narsès, en 553, aura reconquis les territoires qu'il avait occupés, de nombreux efforts seront faits en 584-585 et de 588 à 590 pour s'en emparer de nouveau.

L'établissement des Germains dans le bassin de la Méditerranée ne marque nullement le point de départ d'une époque nouvelle dans l'histoire de l'Europe. Si gros de conséquences qu'il ait été, il n'a point fait table rase du passé et cassé la tradition. Le but des envahisseurs n'était pas d'anéantir l'Empire Romain, mais de s'y installer pour en jouir. À tout prendre, ce qu'ils en ont conservé dépasse de beaucoup ce qu'ils en ont détruit et ce qu'ils y ont apporté de neuf. Certes les royaumes qu'ils constituèrent sur le sol de l'Empire firent disparaître celui-ci *en tant qu'État* dans l'Europe Occidentale. À envisager les choses du point de vue politique, l'*orbis romanus*, refoulé désormais en Orient, a perdu le caractère œcuménique qui faisait jadis coïncider ses frontières avec les frontières de la chrétienté. Il s'en faut de beaucoup cependant qu'il devienne dès lors étranger aux provinces qu'il a perdues. Sa civilisation y survit à sa domination. Par l'Église, par la langue, par la supériorité des institutions et du droit, elle s'impose à ses vainqueurs. Au milieu des troubles, de l'insécurité, de la misère et de l'anarchie qui ont accompagné les invasions, elle se dégrade il est vrai, mais dans cette dégradation elle conserve une physionomie encore nettement romaine. Les Germains n'ont pas pu et d'ailleurs n'ont pas voulu se passer d'elle. Ils l'ont *barbarisée*, mais ils ne l'ont pas consciemment *germanisée*.

Rien ne confirme plus hautement cette observation que la persistance jusqu'au viiie siècle du caractère maritime que nous avons constaté tout à l'heure comme essentiel à l'Empire. La Méditerranée ne perd pas son importance après la période des invasions. Elle reste pour les Germains ce qu'elle était avant leur arrivée : le centre même de l'Europe, le *mare nostrum*. Si considérable qu'elle ait été dans l'ordre *politique*, la déposition du dernier empereur romain en Occident (476) n'a donc point suffi à faire dévier l'évolution historique de sa direction séculaire. Elle continue, au contraire, à se développer sur le même théâtre et sous les mêmes influences. Aucun indice n'annonce encore la fin de la communauté de civilisation établie par l'Empire des Colonnes d'Hercule à la Mer Egée et des côtes d'Égypte et d'Afrique à celles de Gaule, d'Italie et d'Espagne. Colonisé par les barbares, le monde nouveau conserve dans ses traits généraux la physionomie du monde antique. Pour suivre le cours des événements de Romulus Augustulus à Charlemagne, on est obligé de diriger constamment ses regards vers la Méditerranée[2].

Toutes les grandes péripéties de l'histoire se déroulent sur ses bords. De 493 à 526, l'Italie gouvernée par Théodoric exerce sur tous les royaumes germaniques une hégémonie par laquelle se perpétue et s'affirme la puissance de la tradition romaine. Puis, Théodoric disparu, cette puissance s'atteste plus clairement encore. Il s'en faut de peu que Justinien ne restaure l'unité impériale (527-565). L'Afrique, l'Espagne, l'Italie sont reconquises. La Méditerranée redevient un lac romain. Byzance, il est vrai, épuisée par l'immense effort qu'elle vient de fournir, ne peut ni achever, ni même conserver intacte l'œuvre surprenante qu'elle a accomplie. Les Lombards lui enlèvent le Nord de l'Italie (568), les Wisigoths s'affranchissent de son joug. Pourtant elle n'abandonne point ses prétentions. Elle conserve longtemps encore l'Afrique, la Sicile, l'Italie méridionale. Elle ne renonce point à dominer l'Occident grâce à la mer, dont ses flottes possèdent la maîtrise, si bien que le sort de l'Europe se joue plus que jamais en ce moment sur les flots de la Méditerranée.

Ce qui est vrai du mouvement politique ne l'est pas moins, s'il ne l'est davantage encore, de la civilisation. Faut-il rappeler que Boëce (480-525) et Cassiodore (477-c. 562) sont Italiens, comme Saint Benoît (480-543) et comme Grégoire le Grand (590-604) et qu'Isidore de Séville (570-636) est Espagnol ? C'est l'Italie qui conserve les dernières écoles en même temps qu'elle répand le monachisme au Nord des Alpes. C'est chez elle que se rencontre à la fois ce qui subsiste encore de la culture antique et ce qui s'enfante de nouveau au sein de l'Église. Tout ce que l'Église d'Occident atteste de vigueur se rencontre dans les régions méditerranéennes. Là seulement elle possède une organisation et un esprit capables de grandes entreprises. Au Nord de la Gaule, le clergé croupit dans la barbarie et l'impuissance. Il a fallu que le christianisme fût apporté aux Anglo-Saxons (596) non point des côtes voisines de la Gaule, mais des côtes lointaines de l'Italie. L'arrivée de Saint Augustin parmi eux, est, elle aussi, une attestation éclatante de l'importance historique conservée par la Méditerranée. Et celle-ci apparaît plus significative encore si l'on songe que l'évangélisation de l'Irlande est due à des missionnaires venus de Marseille et que les apôtres de la Belgique, Saint Amand († c. 675) et Saint Remacle († c. 668), sont des Aquitains.

Plus clairement encore, le mouvement économique de l'Europe se révèle comme la continuation directe du mouvement économique de l'Empire Romain. Sans doute, le fléchissement de l'activité sociale apparaît dans ce domaine comme dans tous les autres. Déjà les derniers temps de l'Empire nous font assister à une décadence que la catastrophe des invasions a naturellement contribué à accentuer. Mais on se tromperait du tout au tout si l'on s'imaginait que l'arrivée des Germains a eu pour résultat de substituer au commerce et à la vie urbaine une économie purement agricole et une stagnation générale de la circulation[3]. La prétendue répulsion des barbares pour les villes est une fable convenue démentie par la réalité. Si sur les frontières extrêmes de l'Empire quelques villes ont été pillées, incendiées et détruites, il est incontestable que l'immense majorité d'entre elles a survécu. Une statistique des villes existant aujourd'hui en France, en Italie et même aux bords du Rhin et du Danube, attesterait que, pour la plupart, elles s'élèvent à l'endroit où s'élevaient des villes romaines et que leur nom n'est bien souvent qu'une transformation du nom de celles-ci.

L'Église avait calqué, on le sait, ses circonscriptions religieuses sur les circonscriptions administratives de l'Empire. En règle générale, chaque diocèse correspondait à une *civitas*. Or, l'organisation ecclésiastique n'ayant subi presque aucune altération à l'époque des invasions, il en résulte qu'elle a conservé son caractère municipal dans les royaumes nouveaux fondés par les conquérants germaniques. Cela est tellement vrai qu'à partir du vi[e] siècle, le mot *civitas* prend le sens spécial de cité épiscopale, de centre de diocèse. En survivant à l'Empire sur lequel elle s'était fondée, l'Église a donc contribué très largement à sauvegarder l'existence des villes romaines.

Mais il faut reconnaître aussi que ces villes ont longtemps conservé par elles-mêmes une importance considérable. Leurs institutions municipales n'ont pas brusquement disparu à l'arrivée des Germains. On remarque que non seulement en Italie, mais en Espagne et même en Gaule elles restent en possession de leurs *Decuriones*, c'est à dire d'un corps de magistrats pourvu d'une autorité judiciaire et administrative dont les détails nous échappent, mais dont il n'est permis de nier ni l'existence, ni l'origine romaine[4]. On y relève encore la présence du *Defensor civitatis*, et la pratique de l'inscription des actes authentiques aux *Gesta Municipalia*. D'autre part, et d'une manière plus incontestable, elles nous apparaissent comme les foyers d'une activité économique qui, elle aussi, est une survivance de la civilisation antérieure. Chaque cité reste le marché des campagnes environnantes, le domicile d'hiver des grands propriétaires fonciers de sa région et, pour peu qu'elle soit favorablement située, le centre d'un commerce de plus en plus développé à mesure que l'on se rapproche des bords de la Méditerranée. Il suffit de lire Grégoire de Tours pour se convaincre que la Gaule de son temps possède encore une classe de marchands de profession fixés dans les villes. Il cite en des passages tout à fait caractéristiques ceux de Verdun, de Paris, d'Orléans, de Clermont-Ferrant, de Marseille, de Nîmes, de Bordeaux[5]. Il importe sans doute de ne pas s'exagérer leur importance. Ce serait une faute aussi grande que de la sous-évaluer. Il est certain que la constitution économique de la Gaule Mérovingienne était fondée beaucoup plus sur l'agriculture que sur toute autre forme d'activité, et cela est même d'autant plus évident qu'il en allait déjà ainsi sous l'Empire Romain. Mais il n'empêche que la circulation intérieure, que l'importation et l'exportation des denrées et des marchandises y jouaient un rôle assez actif pour qu'on doive les reconnaître comme indispensables à l'alimentation et à la subsistance de la société. Une preuve indirecte de ce fait est fournie par les revenus du tonlieu (*theloneum*). On appelait ainsi, on le sait, les péages établis par l'administration romaine le long des routes, dans les ports, au passage des ponts, etc. Les rois francs les ont tous laissé subsister, et ils en tiraient des ressources si abondantes que les percepteurs de ce genre de taxes (*thelonearii*) figuraient au nombre de leurs fonctionnaires les plus utiles.

Le maintien du commerce après les invasions germaniques et, en même temps, le maintien des villes qui en étaient les centres et des marchands qui en étaient les instruments s'explique par la continuation du trafic méditerranéen. Tel il existait depuis Constantin, tel il se retrouve, dans ses grandes lignes, du ve au viiie siècle. Si, comme il est probable, son déclin s'est accentué, il n'en reste pas moins vrai qu'il nous présente le spectacle d'une intercourse ininterrompue entre l'Orient byzantin et l'Occident dominé par les barbares. Par la navigation qui s'exerce des côtes d'Espagne et de Gaule à celles de Syrie et d'Asie Mineure, le bassin de la Méditerranée ne cesse pas de constituer l'unité économique qu'il formait depuis des siècles au sein de la communauté impériale. Par lui l'organisation économique du monde survit à son morcellement politique.

Faute d'autres preuves, le système monétaire des rois francs établirait cette vérité jusqu'à l'évidence. Ce système, on le sait trop bien pour qu'il soit nécessaire d'y insister ici, est purement romain, ou pour parler plus exactement, romano-byzantin. Il l'est par les monnaies qu'il frappe, le *solidus*, le *triens* et le *denarius*, c'est à dire le sou, le tiers de sou et le denier. Il l'est encore par le métal qu'il emploie, l'or, utilisé pour la frappe des sous et des tiers de sou. Il l'est aussi par les poids qu'il donne aux espèces. Il l'est enfin par les effigies qu'il y imprime. Rappelons que les ateliers monétaires ont longtemps conservé, sous les rois mérovingiens, la coutume de faire figurer le buste de l'empereur sur les monnaies, de représenter au revers des pièces la *Victoria Augusti* et que, poussant l'imitation à l'extrême, ils n'ont pas manqué, lorsque les Byzantins ont substitué la croix à l'image de cette Victoire, de suivre aussitôt leur exemple. Une servilité si complète s'explique nécessairement par des motifs impérieux. Elle a évidemment pour cause la nécessité de conserver entre la monnaie nationale et la monnaie impériale une conformité qui serait sans raison si les rapports les plus intimes n'avaient subsisté entre le commerce mérovingien et le commerce général de la Méditerranée, c'est à dire si ce commerce n'avait continué de se rattacher par les liens les plus étroits au commerce de l'Empire byzantin[6]. De ces liens, au surplus, les preuves abondent et il suffira d'en rappeler ici quelques-unes des plus significatives.

Remarquons tout d'abord que Marseille n'a pas cessé d'être jusqu'au commencement du viiie siècle, le grand port de la Gaule. Les termes employés par Grégoire de Tours dans les nombreuses anecdotes où il lui arrive de parler de cette ville, nous obligent à la considérer comme un centre économique singulièrement animé[7]. Une navigation très active la relie à Constantinople, à la Syrie, à l'Afrique, à l'Égypte, à l'Espagne et à l'Italie. Les produits de l'Orient, le papyrus, les épices, les tissus de luxe, le vin et l'huile y font l'objet d'une importation régulière. Des marchands étrangers, Juifs et Syriens pour la plupart, y sont établis à demeure, et leur nationalité atteste l'étroitesse des rapports entretenus par Marseille avec les régions byzantines. Enfin la quantité extraordinaire des monnaies qui y ont été frappées pendant l'époque mérovingienne nous fournit une preuve matérielle de l'activité même de son commerce[8]. La population de la ville devait comprendre, à côté des négociants, une classe d'artisans assez nombreuse[9]. À tous égards, elle semble donc bien conserver sous le gouvernement des rois francs, le caractère nettement municipal des cités romaines.

Le mouvement économique de Marseille se propage naturellement dans le *hinterland* du port. Sous son influence tout le commerce de la

Gaule s'oriente vers la Méditerranée. Les tonlieux les plus importants du royaume francs sont situés dans les environs de la ville, à Fos, à Arles, à Toulon, à Sorgues, à Valence, à Vienne, à Avignon[10]. C'est là une preuve évidente que les marchandises débarquées dans la ville étaient expédiées vers l'intérieur. Par le cours du Rhône et de la Saône ainsi que par les routes romaines, elles atteignaient le Nord du pays. Nous possédons encore les diplômes par lesquelles l'abbaye de Corbie a obtenu des rois l'exemption du péage à Fos sur une foule de denrées et de produits, parmi lesquels on remarque une variété surprenante d'épices de provenance orientale, ainsi que du papyrus[11]. Dans ces conditions, il ne paraît pas trop hardi d'admettre que l'activité commerciale des ports de Rouen et de Nantes, sur les côtes de l'Atlantique, de Quentovic et de Duurstede, sur celles de la mer du Nord, était entretenue par l'attraction de Marseille. La foire de Saint Denys, comme devaient le faire au xiie et au xiiie siècles les foires de Champagne, dont on peut la considérer comme la « préfiguration », met en contact les marchands anglo-saxons venus par Rouen et Quentovic avec ceux de Lombardie, d'Espagne et de Provence et les fait participer ainsi au commerce de la Méditerranée[12]. Mais c'est évidemment dans le sud du pays que le rayonnement de celle-ci était le plus sensible. Toutes les villes les plus considérables de la Gaule mérovingienne se trouvent encore, comme au temps de l'Empire Romain, au sud de la Loire. Les détails que Grégoire de Tours nous donne sur Clermont-Ferrand et sur Orléans montrent qu'elles renfermaient de véritables colonies de Juifs et de Syriens, et s'il en était ainsi de ces « cités » dont rien ne permet de croire qu'elles jouissaient d'une situation privilégiée, il devait en être de même de centres bien plus importants tels que Bordeaux et Lyon. On sait d'ailleurs que Lyon possédait encore à l'époque carolingienne une population juive fort nombreuse[13].

En voilà sans doute assez pour conclure que les temps mérovingiens ont connu, grâce à la persistance de la navigation méditerranéenne et par l'intermédiaire de Marseille, ce que l'on peut véritablement appeler un grand commerce. Ce serait certainement une erreur que de prétendre restreindre le négoce des marchands orientaux de la Gaule, aux seuls objets de luxe. Sans doute, la vente des orfèvreries, des émaux et des étoffes de soie devait leur fournir d'abondants bénéfices. Mais elle ne suffirait pas à expliquer leur nombre et leur diffusion extraordinaire dans tout le pays. Le trafic de Marseille était, au surplus, alimenté par des denrées de consommation générale, comme le vin et l'huile, sans compter les épices et le papyrus, qui étaient exportés, on l'a vu, jusque dans le Nord. Dès lors, force est bien de considérer les marchands orientaux de la monarchie franque comme pratiquant le commerce en gros. Leurs bateaux, après s'être déchargés sur les quais de Marseille, emportaient certainement, en quittant les rives de Provence, non seulement des voyageurs, mais du fret de retour. Les sources, à vrai dire, ne nous renseignent point sur la nature de ce fret. Parmi les conjectures dont il peut être l'objet, l'une des plus vraisemblables est qu'il consistait, tout au moins pour une bonne partie, en denrées humaines, je veux dire en esclaves. Le commerce des esclaves n'a pas cessé d'être pratiqué dans le royaume franc jusqu'à la fin du ixe siècle. Les guerres menées contre les barbares de Saxe, de Thuringe et des régions slaves lui fournissaient une matière qui semble avoir été assez abondante. Grégoire de Tours nous parle d'esclaves saxons appartenant à un marchand orléanais[14], et l'on peut conjecturer avec la plus grande vraisemblance que ce Samo, parti dans la première moitié du viie siècle avec une bande de compagnons pour le pays des Wendes dont il finit par devenir le roi, n'était qu'un aventurier trafiquant d'esclaves[15]. Rappelons enfin que le commerce d'esclaves auquel les Juifs s'adonnaient encore assez activement au ixe siècle, remonte certainement à une époque plus ancienne.

Si la plus grande partie du commerce s'est incontestablement trouvée, dans la Gaule mérovingienne, aux mains de marchands orientaux, à côté d'eux, et selon toute apparence en relations constantes avec eux, sont mentionnés des marchands indigènes. Grégoire de Tours ne laisse pas de nous fournir sur leur compte des renseignements qui seraient évidemment plus nombreux si ce n'était le hasard qui les amène dans ses récits. Il nous montre le roi consentant un prêt aux marchands de Verdun, dont les affaires prospèrent si heureusement qu'ils se trouvent bientôt à même de le rembourser[16]. Il nous apprend l'existence à Paris d'une *domus negociantum*, c'est à dire selon toute apparence, d'une sorte de halle ou de bazar[17]. Il nous parle d'un marchand profitant pour s'enrichir de la grande famine de 585[18]. Et dans toutes ces anecdotes, il s'agit sans le moindre doute, de professionnels et non de simples vendeurs ou de simples acheteurs d'occasion.

Le tableau que nous présente le commerce de la Gaule mérovingienne, se retrouve naturellement dans les autres royaumes germaniques riverains de la Méditerranée, chez les Ostrogoths d'Italie, chez les Vandales d'Afrique, chez les Wisigoths d'Espagne. L'édit de Théodoric renferme quantité de stipulations relatives aux marchands. Carthage reste un port important en relations avec l'Espagne et dont les bateaux remontaient même, semble-t-il, jusqu'à Bordeaux. La loi des Wisigoths mentionne des négociants d'Outre-Mer[19].

De tout cela ressort avec force la continuité du mouvement commercial de l'Empire Romain après les invasions germaniques. Elles n'ont pas mis fin à l'unité économique de l'Antiquité. Par la Méditerranée et par les rapports qu'elle entretient entre l'Occident et l'Orient, cette unité se conserve au contraire avec une netteté remarquable. La grande mer intérieure de l'Europe n'appartient plus comme jadis au même État. Mais rien ne permet encore de prévoir qu'elle cessera bientôt d'exercer autour d'elle son attraction séculaire. En dépit des transformations qu'il présente, le monde nouveau n'a pas perdu le caractère méditerranéen du monde antique. Aux bords de la Méditerranée se concentre et s'alimente encore le meilleur de son activité. Aucun indice n'annonce la fin de la communauté de civilisation établie par l'Empire Romain. Au début du viie siècle, celui qui aurait jeté un coup d'œil sur l'avenir n'y aurait découvert nulle raison de ne pas croire à la persistance de la tradition.

Or, ce qui était alors naturel et rationnel de prévoir ne s'est pas réalisé. L'ordre du monde qui avait survécu aux invasions germaniques n'a pu survivre à celle de l'Islam. Elle s'est jetée au travers du cours de l'histoire avec la force élémentaire d'un cataclysme cosmique. Du vivant même de Mahomet (571-632) personne n'avait pu ni y songer ni s'y préparer. Pourtant il n'a pas fallu beaucoup plus de cinquante ans pour qu'elle s'étendît de la mer de Chine à l'Océan Atlantique. Rien ne résiste devant elle. Du premier choc elle renverse l'Empire perse (633-644), elle enlève successivement à l'Empire byzantin la Syrie (634-636), l'Égypte (640-642), l'Afrique (643-708), fait irruption en Espagne (711). Sa marche envahissante ne cessera qu'au commencement du viiie siècle, lorsque les murs de Constantinople d'une part (717), les soldats de Charles Martel de l'autre (732) auront brisé sa grande offensive enveloppante contre les deux flancs de la chrétienté. Mais si sa force d'expansion est épuisée, elle a changé la face de la terre. Sa poussée soudaine a détruit le monde antique. C'en est fait de la communauté méditerranéenne en laquelle il se groupait.

La mer familière et quasi familiale qui en réunissait toutes les parties va devenir entre elles une barrière. Sur tous ses rivages, depuis des siècles, l'existence sociale, dans ses caractères fondamentaux était la même, la religion la même, les mœurs et les idées les mêmes ou très proches de l'être. L'invasion des barbares du Nord n'avait rien modifié d'essentiel à cette situation. Et voilà que tout à coup les pays mêmes où était née la civilisation lui sont arrachés, que le culte du prophète se substitue à la foi chrétienne, le droit musulman au droit romain, la langue arabe à la langue grecque et à la langue latine. La Méditerranée avait été un lac romain ; elle devient, dans sa plus grande partie, un lac musulman. Elle sépare désormais, au lieu de les unir, l'Orient et l'Occident de l'Europe. Le lien est rompu qui rattachait encore l'Empire byzantin aux royaumes germaniques de l'Ouest.

---

1. P. Scheffer-Boichorst, *Zur Geschichte der Syrer im Abendlande* (*Mitteilungen des Instituts für Œsterreichische Geschichtsforschung*, t. VI [1885], p. 521) ; L. Bréhier, *Les colonies d'Orientaux en Occident au commencement du Moyen Âge* (*Byzantinische Zeitschrift*, t. XII [1903]). Cf. F. Cumont, *Les religions orientales dans le paganisme romain*, p. 132 (Paris, 1907).
2. H. Pirenne, *Mahomet et Charlemagne* (*Revue belge de philologie et d'histoire*, t. I [1922]), p. 77).
3. A. Dopsch, *Wirtschaftliche und Soziale Grundlagen der Europäischen Kulturentwickelung*, t. II, p. 527 (Vienne, 1920) s'élève avec force contre l'idée que les Germains auraient fait disparaître la civilisation romaine.
4. Fustel de Coulanges, *La Monarchie franque*, p. 236 ; A. Dopsch, *Wirtschaftliche und Soziale Grundlagen der Europäischen Kulturenentwickelung*, t. II, p. 342 ; E. Mayer, *Deutsche und französische Verfassungsgeschichte*, t. I, p. 296 (Leipzig, 1899).
5. Voy. entre autres *Historia Francorum*, éd. Krusch, l. IV, § 43, l. VI, § 45, l. VIII, § 1, 33, l. III, § 34.
6. M. Prou, *Catalogue des monnaies mérovingiennes de la Bibliothèque Nationale de Paris*. Introduction ; H. Pirenne, *Un contraste économique. Mérovingiens et Carolingiens* (*Revue belge de philologie et d'histoire*, t. II [1923], p. 225).
7. *Historia Francorum*, édit. Krusch, l. IV, § 43, l. V, § 5, l. VI, § 17, 24, l. IX, § 22. Cf. Grégoire le Grand, *Epistolae*, I, 45. Il y avait à Marseille un entrepôt (cellarium fisci, catabolus) pourvu d'une caisse alimentée incontestablement par les droits d'entrée et qui était encore assez riche à la fin du viie siècle, pour que le roi pût constituer sur elle des rentes se montant au chiffre de 100 sous d'or. Voy. un exemple pour l'abbaye de Saint-Denys dans *Mon. Germ. Hist. Diplomata*, t. I, n°s 61 et 82. Cf. *Mon. Germ. Hist. Script. Rerum Merovingicarum*, t. II, p. 406.
8. M. Prou, *Catalogue des monnaies mérovingiennes de la Bibliothèque Nationale de Pari*, p. 300.
9. Il est impossible, en effet, de ne pas supposer à Marseille une classe d'artisans au moins aussi importante que celle qui existait encore à Arles au milieu du vi[e] siècle. F. Kiener, *Verfassungsgeschichte der Provence*, p. 29 (Leipzig, 1900).
10. *Marculfi Formulae*, éd. Zeumer, p. 102, n° 1.

11. L. Levillain, *Examen critique des chartes mérovingiennes et carolingiennes de l'abbaye de Corbie*, p. 220, 231, 235 (Paris, 1902). Il s'agit du tonlieu de Fos près d'Aix-en-Provence. Une formule de Marculf (éd. Zeumer, p. 11), prouve que le garum, les dattes, le poivre et bien d'autres produits d'Orient faisaient partie de l'alimentation courante dans le Nord de la Gaule. Quant au papyrus, un texte conservé en appendice aux statuts d'Adalard de Corbie (Guérard, *Polyptique d'Irminon*, t. II, p. 336) atteste qu'il devait être fort répandu et d'emploi journalier. Ce texte le mentionnant *cum seburo*, permet de croire qu'il servait, comme de nos jours le papier huilé, à former les parois des lanternes. Je sais bien qu'on attribue le texte en question à l'époque carolingienne. Mais on ne peut alléguer d'autres arguments en faveur de cette opinion que le fait qu'il se rencontre à la suite des statuts d'Adalard. C'est là une circonstance qui ne peut passer pour une preuve. La disparition du papyrus à partir du commencement du ixe siècle nous oblige à reporter à une centaine d'années plus haut ce curieux document.
12. Le diplôme de Dagobert ratifiant en 629 les droits de S. Denys sur cette foire (*MG. Dipl.* I, 140) est généralement considéré comme suspect. On ne donne pourtant aucune preuve valable contre son authenticité. Quand bien même d'ailleurs il ne sortirait pas de la chancellerie de Dagobert, il est incontestablement antérieur à l'époque carolingienne et aucune raison n'existe de révoquer en doute les détails qu'il nous fournit sur la fréquentation de la foire.
13. Voy. les lettres d'Agobard dans *Monumenta Germaniae Historica. Epistolae*, t. V, p. 184 et suiv.
14. *Historia Francorum*, éd. Krusch, l. VII, § 46.
15. J. Goll, *Samo und die Karantinischen Slaven* (Mitteilungen des Instituts für Œsterreichische Geschichtsforschung, t. XI, p. 443).
16. *Historia Francorum*, éd. Krusch, l. III, § 34.
17. *Ibid.*, l. VIII, § 33.
18. bid., l. VI, § 45. En 627 un *Johannes Mercator* fait une donation à Saint-Denys. *Mon. Germ. Hist. Dipl. Merov.*, t. I, p. 13. Les *Gesta Dagoberti* (Ibid., Script. Rer. Merov., t. II, p. 413) parlent d'un *Salomon Negociator* qui, à vrai dire, est sans doute un juif.
19. A. Dopsch, *Wirtschaftliche und Soziale Grundlagen der Europäischen Kulturenentwickelung*, t. II, p. 432 ; F. Dahn, *Über Handel und Handelsrecht der Westgothen. Bausteine*, II, 301 (Berlin, 1880).

2
LA DÉCADENCE COMMERCIALE
DU IXE SIÈCLE

On n'a pas, en général, suffisamment remarqué cette immense portée de l'invasion de l'Islam dans l'Europe Occidentale[1]. Elle eut, en effet, pour conséquence de placer celle-ci dans des conditions qui n'avaient jamais existé depuis les premiers temps de l'histoire. Par l'intermédiaire des Phéniciens des Grecs et enfin des Romains, l'Occident avait toujours reçu sa civilisation de l'Orient. Il avait vécu, pour ainsi dire, de la Méditerranée : le voici pour la première fois, forcé de vivre de sa propre substance. Son centre de gravité placé jusqu'alors aux bords de la mer, est repoussé vers le Nord et il en résulte que l'État franc, qui n'y avait encore à tout prendre, joué qu'un rôle historique de second ordre, va devenir l'arbitre de ses destinées. Il est impossible de ne voir qu'un jeu du hasard dans la simultanéité de la fermeture de la Méditerranée par l'Islam et de l'entrée en scène des Carolingiens. À envisager les choses de haut, on aperçoit nettement entre l'une et l'autre un rapport de cause à effet. L'Empire franc va jeter les bases de l'Europe du Moyen Âge. Mais la mission qu'il a remplie a eu pour condition essentielle le renversement de l'ordre traditionnel du monde ; rien ne l'y aurait appelé si l'évolution historique n'avait été détournée de son cours et, pour ainsi parler, désaxée par l'invasion musulmane. Sans l'Islam, l'Empire franc n'aurait sans doute jamais existé, et Charlemagne, sans Mahomet, serait inconcevable[2].

Pour se persuader qu'il en fut bien ainsi, il suffit de relever l'opposition que présentent l'une avec l'autre, l'époque mérovingienne, pendant laquelle la Méditerranée conserve sa millénaire importance historique, et l'époque carolingienne, où cette influence cesse de se faire sentir. Partout on observe le même contraste : dans le sentiment religieux, dans la politique, dans la littérature, dans les institutions, dans la langue et jusque dans les caractères de l'écriture. De quelque point de vue qu'on l'examine, la civilisation du ixe siècle atteste une rupture très nette avec la civilisation antérieure. Le coup d'État de Pépin le Bref est bien autre chose que la substitution d'une dynastie à une autre dynastie. Il marque une orientation nouvelle du cours suivi jusqu'alors par l'histoire. Certes, en se parant du titre d'Empereur romain et d'Auguste, Charlemagne a cru renouer la tradition antique. En réalité, il l'a brisée. L'ancien Empire, réduit aux possessions du *basileus* de Constantinople, devient un Empire Oriental juxtaposé et étranger au nouvel Empire d'Occident. En dépit de son nom, celui-ci n'est romain que dans la mesure où l'Église Catholique est romaine. Au surplus, les éléments de sa force résident surtout dans les régions du Nord. Ses principaux collaborateurs en matière religieuse et culturelle ne sont plus, comme jadis, des Italiens, des Aquitains, des Espagnols, ce sont des Anglo-Saxons, un Saint Boniface ou un Alcuin, ou des Souabes comme Éginhard. Dans l'État, coupé désormais de la Méditerranée, les gens du Midi ne jouent plus qu'un rôle secondaire. L'influence germanique commence à y dominer dans le même moment où, bloqué vers le Sud, il s'étend largement sur l'Europe septentrionale et pousse ses frontières jusqu'à l'Elbe et aux montagnes de Bohême.

L'histoire économique fait ressortir d'une façon particulièrement frappante la divergence de la période carolingienne et des temps mérovingiens[3]. Durant ceux-ci, la Gaule constitue encore un pays maritime et c'est grâce à la mer que s'y entretiennent la circulation et le mouvement. L'Empire de Charlemagne, au contraire, est essentiellement terrien. Il ne communique plus avec l'extérieur, c'est un État clos, un État sans débouchés, vivant dans une situation d'isolement presque complet.

Sans doute, la transition ne s'est pas faite d'une époque à l'autre avec la brusquerie et la netteté d'une coupure. On observe que, depuis le milieu du viie siècle, le commerce marseillais décline à mesure que les Musulmans progressent dans la Méditerranée. La Syrie, conquise par eux en 634-636, cesse la première d'y envoyer ses bateaux et ses marchandises. Puis bientôt, l'Égypte passe à son tour sous le joug de l'Islam (640) et le papyrus ne parvient plus en Gaule. Il est tout à fait caractéristique que, depuis 677, la chancellerie royale cesse de l'employer[4]. L'importation des épices se maintient encore durant quelque temps puisque, en 716, les moines de Corbie croient utile de se faire ratifier pour la dernière fois, leur privilège au tonlieu de Fos[5]. Une cinquantaine d'années plus tard, la solitude s'est faite dans le port de Marseille. La mer nourricière s'est fermée devant lui et la vitalité économique qu'elle avait entretenue par son intermédiaire dans les régions de l'intérieur, est définitivement éteinte. Au ixe siècle la Provence, jadis la contrée la plus riche de la Gaule, en est devenue la plus pauvre[6].

De plus en plus d'ailleurs, les Musulmans affermissent leur domination sur la mer. Dans le courant du ixe siècle, ils s'emparent de la Corse, de la Sardaigne, de la Sicile. Sur les côtes d'Afrique, ils fondent de nouveaux ports : Kairouan (670), Tunis (698-703), plus tard El Mehdiah au sud de cette ville, puis Le Caire en 969. Palerme, où s'élève un grand arsenal, devient leur base principale dans la mer tyrrhénienne. Leurs flottes y naviguent en maîtresses, flottes de commerce transportant vers Le Caire, d'où ils sont réexpédiés vers Bagdad, les produits de l'Occident, ou flottes de pirates dévastant les côtes de Provence et d'Italie, y incendiant les villes après les avoir pillées et en avoir capturé les habitants pour les vendre comme esclaves. En 889, une bande de ces pillards s'empare même de Fraxinetum (Garde-Frainet, dans le département du Var, non loin de Nice), dont la garnison durant près d'un siècle soumet les populations voisines à des razzias continuelles et menace les routes qui, à travers les cols des Alpes, vont de France en Italie[7].

Les efforts de Charlemagne et de ses successeurs pour protéger l'Empire contre les agressions des Sarrasins furent aussi impuissants que ceux qu'ils cherchèrent à opposer aux invasions des Normands. On sait avec quelle énergie et quelle habileté les Danois et les Norvégiens exploitèrent la *Francia*, durant tout le cours du ixe siècle, non seulement par la Mer du Nord, la Manche et le Golfe de Gascogne, mais parfois même par la Méditerranée. Tous les fleuves furent remontés par ces barques d'une construction si adroite, dont des fouilles récentes ont mis au jour les beaux spécimens conservés à Oslo

(Christiania). Périodiquement, les vallées du Rhin, de la Meuse, de l'Escaut, de la Seine, de la Loire, de la Garonne et du Rhône, furent l'objet d'une exploitation systématique conduite avec un remarquable esprit de suite[8]. La dévastation fut si complète, qu'en bien des points la population elle-même disparut. Et rien n'illustre mieux le caractère essentiellement terrien de l'Empire franc, que son impuissance à organiser, tant contre les Sarrasins que contre les Normands, la défense de ses côtes. Car cette défense, pour être effective, aurait dû être une défense navale, et l'Empire n'avait point de flottes, ou n'eut que des flottes improvisées[9].

De telles conditions sont incompatibles avec l'existence d'un commerce de réelle importance. La littérature historique du ixe siècle renferme, il est vrai, quelques mentions de marchands (*mercatores, negaciatores*)[10], mais il faut se garder de toute illusion sur leur portée. Si l'on tient compte du grand nombre des textes qui nous ont été conservés de cette époque, on remarque qu'elles sont, en réalité, singulièrement rares. Les capitulaires, dont les stipulations touchent à tous les côtés de la vie sociale, sont d'une indigence frappante relativement au commerce. On en doit conclure que celui-ci n'a joué qu'un rôle tellement secondaire qu'il est négligeable.

C'est seulement dans le Nord de la Gaule que, durant la première moitié du ixe siècle, il témoigne encore d'une certaine activité. Les ports de Quentovic (localité disparue près d'Étaples, département du Pas-de-Calais) et de Duurstede (sur le Rhin, au Sud-Ouest d'Utrecht) qui, dans la monarchie mérovingienne trafiquaient avec l'Angleterre et le Danemark, demeurent jusqu'à leur destruction par les Normands (834-844)[11] les centres d'une navigation assez étendue. On peut supposer que c'est grâce à eux que la batellerie des Frisons sur le Rhin, sur l'Escaut et sur la Meuse a présenté une importance que l'on ne rencontre nulle part ailleurs pendant le règne de Charlemagne et de ses successeurs. Les étoffes tissées par les paysans de la Flandre, et que les textes du temps désignent sous le nom de manteaux frisons (*pallia fresonica*), fournissaient à cette batellerie, avec les vins de l'Allemagne rhénane, la matière d'une exportation qui semble avoir été assez régulière[12]. On sait, au surplus, que les deniers frappés à Duurstede ont eu un cours très étendu. Ils ont servi de prototypes aux plus anciennes monnaies de la Suède et de la Pologne[13], preuve évidente qu'ils pénétrèrent de bonne heure, sans doute par l'intermédiaire des Normands, jusque dans la Mer Baltique. On peut encore signaler comme ayant fait l'objet d'un commerce de quelque étendue, le sel de Noirmoutiers, où sont signalés des vaisseaux irlandais[14]. Le sel de Salzbourg, de son côté, était transporté par le Danube et ses affluents vers l'intérieur de l'Empire[15]. La vente des esclaves, malgré les prohibitions dont elle fut l'objet de la part des souverains, était pratiquée le long des frontières orientales, où les prisonniers de guerre faits sur les Slaves païens, trouvaient de nombreux acheteurs, qui les transportaient vers Byzance ou au-delà des Pyrénées.

À côté des Frisons, dont le commerce fut anéanti par les invasions normandes, on ne trouve plus d'autres marchands que les Juifs. Ils étaient encore nombreux, et l'on en trouve dans toutes les parties de la *Francia*. Ceux du Sud de la Gaule étaient en rapports avec leurs coreligionnaires de l'Espagne musulmane, auxquels on les accuse de vendre des enfants chrétiens[16]. C'est de l'Espagne, ou peut-être aussi de Venise, que ces Juifs recevaient les épices et les étoffes précieuses dont ils faisaient le négoce[17]. Au reste, l'obligation à laquelle ils étaient soumis de présenter leurs enfants au baptême, doit en avoir fait de très bonne heure émigrer un grand nombre au-delà des Pyrénées, et leur importance commerciale a été sans cesse en déclinant au cours du ixe siècle. Quant à celle des Syriens, jadis si considérable, il n'en est plus question à cette époque[18].

On est donc forcé de conclure que le commerce des temps carolingiens se réduit à bien peu de chose. Monopolisé presque tout entier aux mains de Juifs étrangers après la disparition de Quentovic et de Duurstede, il ne consiste plus que dans le transport de quelques tonneaux de vin ou de sel, dans le trafic prohibé des esclaves, et enfin dans le colportage de produits de luxe venus de l'Orient.

D'une activité commerciale régulière et normale, d'une circulation constante et organisée, d'une classe de marchands professionnels, de leur établissement dans les villes, bref de tout ce qui constitue l'essence même d'une économie d'échange digne de ce nom, on ne trouve plus de traces depuis la fermeture de la Méditerranée par l'invasion islamique. Le grand nombre de marchés (*mercata, mercatus*) que l'on relève au ixe siècle ne contredit en rien cette affirmation[19]. Ils ne sont, en effet, que de petits marchés locaux, institués pour le ravitaillement hebdomadaire des populations au moyen de la vente en détail des denrées alimentaires de la campagne. Il serait également inutile d'alléguer en faveur de l'activité commerciale de l'époque carolingienne, l'existence à Aix-la-Chapelle, autour du palais de Charlemagne, ou à côté de certaines grandes abbayes, telles que, par exemple, celle de Saint-Riquier, d'une rue habitée par des marchands (*vicus mercatorum*)[20]. Les marchands dont il est question ici ne sont nullement, en effet, des marchands professionnels. Chargés de pourvoir à l'entretien de la Cour ou à celui des moines, ce sont, si l'on peut ainsi dire, des employés du ravitaillement seigneurial, ce ne sont en rien des négociants[21].

Nous possédons d'ailleurs une preuve matérielle de la décadence économique qui a atteint l'Europe occidentale du jour où elle a cessé d'appartenir encore à la communauté méditerranéenne. Elle nous est fournie par la réforme du système monétaire, commencée par Pépin le Bref et achevée par Charlemagne. On sait que cette réforme a abandonné la frappe de l'or pour y substituer celle de l'argent. Le sou, qui avait constitué jusqu'alors, conformément à la tradition romaine, la monnaie par excellence, n'est plus qu'une monnaie de compte. Les seules monnaies réelles sont désormais les deniers d'argent, pesant environ 2 grammes et dont la valeur métallique, comparée à celle du franc, peut être fixée approximativement à 45 centimes[22]. La valeur métallique du sou d'or mérovingien étant d'environ 15 francs, on appréciera toute la portée de la réforme. Incontestablement, elle ne s'explique que par un prodigieux affaissement de la circulation et de la richesse.

Si l'on admet, et on est obligé de l'admettre, que la réapparition au xiiie siècle, de la frappe de l'or, avec les florins de Florence et les ducats de Venise, caractérise la renaissance économique de l'Europe, il est incontestable que l'abandon de cette même frappe au ixe siècle atteste en revanche une profonde décadence. Il ne suffit pas de dire que Pépin et Charlemagne ont voulu remédier au désordre monétaire des derniers temps de l'époque mérovingienne. Il leur eût été possible, en effet, d'y remédier sans renoncer à frapper des monnaies d'or. Ils n'y ont renoncé incontestablement que par nécessité, c'est à dire par suite de la disparition du métal jaune dans la Gaule. Et cette disparition n'a d'autre cause que l'interruption du commerce de la Méditerranée. Cela est tellement vrai que l'Italie méridionale, restée en contact avec Constantinople, conserve comme celle-ci la monnaie d'or à laquelle les souverains carolingiens se voient forcés de substituer la monnaie d'argent. Le poids très faible de leurs deniers témoigne d'autre part de l'isolement économique de leur Empire. Il n'est pas concevable qu'ils eussent pu réduire l'unité monétaire à la 30ᵉ partie de sa valeur antérieure, s'il s'était conservé le moindre rapport entre leurs États et les régions méditerranéennes où le sou d'or continuait d'avoir cours[23].

Mais il y a plus. La réforme monétaire du ixᵉ siècle ne correspond pas seulement à l'appauvrissement général de l'époque qui l'a vue se réaliser, elle va de pair avec une circulation dont la lenteur et l'insuffisance sont également frappantes. En l'absence de centres d'attraction assez puissants pour attirer de loin la monnaie, elle demeure pour ainsi dire stagnante. Charlemagne et ses successeurs ont vainement ordonné de ne fabriquer des deniers que dans les ateliers royaux. Dès le règne de Louis le Pieux, il faut accorder à des églises l'autorisation de frapper monnaie, vu l'impossibilité dans laquelle elles se trouvent de se procurer du numéraire. À partir de la seconde moitié du ixᵉ siècle, l'autorisation par les rois d'instituer un marché est presque toujours accompagnée de l'autorisation d'y établir un atelier monétaire[24]. Ainsi, l'État ne peut conserver le monopole de la frappe du numéraire. Il va s'éparpillant sans cesse. Et cela encore est une manifestation non équivoque du déclin économique. Car l'histoire constate que plus la circulation commerciale est puissante, plus le système monétaire se centralise et se simplifie. La dispersion, la variété et pour tout dire l'anarchie dont il donne de plus en plus le spectacle à mesure que l'on descend le cours du ixᵉ siècle, achève donc de confirmer de la manière la plus significative, l'impression d'ensemble que nous cherchons à dégager ici.

On a prétendu cependant attribuer à Charlemagne une politique économique à larges vues. C'est là lui prêter des idées que, si grand qu'on suppose son génie, il est impossible qu'il ait eues. Personne ne peut soutenir avec quelque vraisemblance que les travaux qu'il fit commencer en 793 pour joindre la Rednitz à l'Altmühl et faire communiquer ainsi le Rhin avec le Danube, aient dû servir à autre chose qu'au transport des troupes, et que les guerres contre les Avars aient été provoquées par le désir de s'ouvrir une route commerciale vers Constantinople. Les stipulations, d'ailleurs inopérantes, des capitulaires sur les monnaies, les poids et les mesures, les tonlieux et les marchés se rattachent intimement à ce système général de règlementation et de contrôle qui est celui de la législation carolingienne. Il en est de même des mesures prises contre l'usure et de la défense faite aux membres du clergé de se mêler de négoce. Leur but est de combattre la fraude, le désordre, l'indiscipline et d'imposer au peuple la morale chrétienne. Seule une idée préconçue peut les envisager comme destinées à stimuler le développement économique de l'Empire.

On est tellement habitué à considérer le règne de Charlemagne comme une époque de renaissance que l'on est inconsciemment porté à y supposer dans tous les domaines un progrès identique. Malheureusement, ce qui est vrai de la culture littéraire, de l'état religieux, des mœurs, des institutions et de la politique ne l'est pas de la circulation et du commerce. Toutes les grandes choses que Charlemagne a accomplies l'ont été, soit par sa puissance militaire, soit par son alliance avec l'Église. Or, ni l'Église, ni les armes ne pouvaient maîtriser les circonstances en vertu desquelles l'Empire franc se trouvait privé de ses débouchés vers l'extérieur. Il a bien fallu s'accommoder d'une situation qui s'imposait inéluctable. L'histoire est forcée de reconnaître que, si brillant qu'il apparaisse par ailleurs, le siècle de Charlemagne, à le considérer du point de vue économique, est un siècle de régression.

L'organisation financière de l'Empire franc achèvera de nous en convaincre. Elle est, en effet, aussi rudimentaire qu'il est possible. L'impôt public, que les Mérovingiens avaient conservé à l'imitation de Rome, n'existe plus. Les ressources du souverain ne consistent que dans le revenu de ses domaines, dans les tributs levés sur les peuples vaincus et dans le butin fourni par la guerre. Le tonlieu ne contribue plus à alimenter le trésor, attestant ainsi la décadence commerciale de l'époque. Il devient une simple exaction brutalement prélevée en nature sur les rares marchandises transportées par les fleuves ou le long des routes[25]. Ses maigres produits, qui devaient servir à entretenir les ponts, les quais et les chemins, sont accaparés par les fonctionnaires qui les perçoivent. Les *Missi dominici*, créés pour surveiller l'administration, sont impuissants à faire disparaître les abus qu'ils constatent, car l'État, incapable de payer ses agents, est incapable aussi de leur imposer son autorité. Il est obligé de les prendre dans l'aristocratie, qui, grâce à sa situation sociale, peut seule lui fournir des services gratuits. Mais ce faisant, le voilà contraint, faute d'argent, de choisir les instruments de son pouvoir au sein d'un groupe d'hommes dont l'intérêt le plus évident est la diminution de ce pouvoir. Le recrutement des fonctionnaires dans l'aristocratie a été le vice fondamental de l'État franc et la cause essentielle de sa dissolution si rapide après la mort de Charlemagne. Au vrai, rien n'était plus fragile que cet État dont le souverain, tout puissant en théorie, dépendait en fait de la fidélité d'agents indépendants de lui. Le système féodal est en germe dans cette situation contradictoire. L'Empire Carolingien n'eût pu subsister que s'il avait possédé, comme l'Empire Byzantin, ou l'Empire des Khalifes, un système d'impôts, un contrôle financier, une centralisation fiscale et un trésor pourvoyant aux traitements des fonctionnaires, aux travaux publics, à l'entretien de l'armée et de la flotte. L'impuissance financière qui causa sa chute est la démonstration évidente de l'impossibilité où il s'est trouvé de maintenir sa structure administrative sur une base économique qui n'était pas à même de la supporter.

Cette base économique de l'État comme de la société, c'est désormais la propriété foncière. De même que l'Empire Carolingien est un État terrien sans débouchés, de même aussi, il est un État essentiellement agricole. Les traces de commerce que l'on y relève encore ne sont qu'une quantité négligeable. Il ne connaît plus d'autre fortune que la fortune foncière, d'autre travail que le travail rural. Et, sans doute, cette prédominance de l'agriculture n'est pas un fait nouveau. On la rencontre déjà très marquée à l'époque romaine et elle s'est continuée en se renforçant encore à l'époque mérovingienne. Dès la fin de l'Antiquité, tout l'Occident de l'Europe était couvert de grands domaines appartenant à une aristocratie dont les membres portaient le nom de Sénateurs (*Senatores*). De plus en plus la petite propriété allait disparaissant pour se transformer en tenures héréditaires, pendant que les anciens fermiers libres se transformaient eux-mêmes en colons attachés à la glèbe. L'invasion germanique n'altéra point très sensiblement cet état de choses. On a renoncé définitivement à se représenter les Germains sous l'apparence d'une démocratie égalitaire de paysans. Les contrastes sociaux étaient très grands parmi eux lorsqu'ils pénétrèrent dans l'Empire. Ils comprenaient une minorité de riches et une majorité de pauvres. Le nombre des esclaves et des demi-libres (*liti*) y était considérable[26].

L'arrivée des envahisseurs dans les provinces romaines n'entraîna donc aucun bouleversement. Les nouveaux venus conservèrent, en s'y adaptant, la situation qu'ils y trouvèrent. Quantité de Germains reçurent du roi ou acquirent par violence, par mariage ou autrement de grands domaines qui firent d'eux les égaux des Sénateurs. L'aristocratie foncière, loin de disparaître, s'enrichit au contraire d'éléments nouveaux. La disparition des petits propriétaires libres continua en s'accélérant. Dès le début de la période carolingienne, il semble bien qu'il n'en existait plus en Gaule qu'un très petit nombre. Charlemagne prit vainement quelques mesures pour sauvegarder ceux qui subsistaient[27]. Le besoin de protection les faisait irrésistiblement affluer vers les puissants, au patronage desquels ils se subordonnaient corps et biens.

La grande propriété ne cessa donc de s'étaler de plus en plus largement depuis la période des invasions. La faveur dont les rois entourèrent l'Église contribua encore à ses progrès, et, il en alla de même de la ferveur religieuse de l'aristocratie. Les monastères, dont le nombre se multiplie avec une rapidité si frappante depuis le VIIe siècle, reçurent à l'envi d'abondantes donations de terre. Partout domaines ecclésiastiques et domaines laïques s'enchevêtrèrent les uns dans les autres, englobant non seulement les champs cultivés, mais les bois, les bruyères et les terrains vagues.

L'organisation de ces domaines demeura conforme dans la Gaule franque à ce qu'elle avait été dans la Gaule romaine. On conçoit qu'il n'en pouvait aller autrement, les Germains n'ayant aucun motif et étant d'ailleurs incapables de lui substituer une organisation différente. Elle consistait, en ce qu'elle a d'essentiel, à répartir l'ensemble des terres en deux groupes, soumis à deux régimes distincts. Le premier, le moins étendu, était directement exploité par le propriétaire ; le second était réparti, à titre de tenures, entre les paysans. Chacune des *villas* dont se composait un domaine comprenait ainsi une terre seigneuriale (*terra dominicata*) et une terre censale, divisée en unités de culture (*mansus*) occupées à titre héréditaire par les manants ou les vilains (*manentes, villani*) moyennant la prestation de redevances en argent ou en nature et de corvées[28].

Aussi longtemps qu'il exista une vie urbaine et un commerce, les grands domaines possédèrent un marché pour l'excédent de leurs produits. On ne peut douta que durant toute l'époque mérovingienne c'est grâce à eux que les agglomérations urbaines furent ravitaillées et que les marchands s'approvisionnèrent. Mais il dut en aller autrement lorsque l'Islam dominant sur la Méditerranée et les Normands sur les mers du Nord, la circulation disparut et avec elle la classe marchande et la population municipale. Les domaines subirent le même sort que l'État franc. Comme lui, ils perdirent leurs débouchés. La possibilité de vendre au dehors n'existant plus, faute d'acheteurs, il devint inutile de continuer à produire au delà du minimum indispensable à la subsistance des hommes, propriétaires ou tenanciers, vivant sur le domaine.

À l'économie d'échange se substitua une économie de consommation. Chaque domaine, au lieu de continuer à correspondre avec le dehors, constitua désormais un petit monde à part. Il vécut de lui-même et sur lui-même, dans l'immobilité traditionnelle d'un régime patriarcal. Le ixe siècle est l'âge d'or de ce que l'on a appelé une économie domestique fermée et que l'on appellerait plus exactement une économie sans débouchés[29]. Cette économie, dans laquelle la production ne sert qu'à la consommation du groupe domanial, et qui, par conséquent, est absolument étrangère à l'idée de profit, ne peut être considérée comme un phénomène naturel et spontané. Ce n'est point volontairement que les grands propriétaires ont renoncé à vendre les produits de leurs terres : c'est parce qu'ils n'ont pas pu faire autrement. Il est certain que si le commerce avait continué de leur fournir régulièrement les moyens d'écouler ces produits au dehors, ils n'eussent point manqué d'en profiter. Ils n'ont pas vendu parce qu'ils ne pouvaient pas vendre, et ils ne pouvaient pas vendre parce que les débouchés leur faisaient défaut. L'organisation domaniale telle qu'elle apparaît à partir du ixe siècle, est donc le résultat des circonstances extérieures, on n'y remarque rien d'une transformation organique. Cela revient à dire qu'elle est un phénomène anormal.

Il est possible de s'en convaincre d'une manière tout à fait frappante en comparant au spectacle que nous fournit l'Europe carolingienne, celui que nous offre à la même époque, la Russie méridionale[30].

On sait que des bandes de Normands Varègues, c'est à dire de Scandinaves originaires de Suède, établirent, au cours du ixe siècle, leur domination sur les Slaves du bassin du Dnieper. Ces conquérants, que les vaincus désignèrent sous le nom de Russes, durent naturellement se grouper pour pouvoir se maintenir au milieu des populations soumises par eux. Ils construisirent à cet effet des enceintes fortifiées, appelées *gorods* en langue slave, et où ils s'installèrent autour de leurs princes et des images de leurs dieux. Les plus anciennes villes russes doivent leur origine à ces camps retranchés. Il, y en eut à Smolensk, à

Sousdal, à Novgorod : la plus importante se trouvait à Kief, dont le prince possédait la prééminence sur tous les autres princes.

La subsistance des envahisseurs était assurée par les tributs levés sur les populations indigènes. Il eût donc été possible aux Russes de vivre sur place, sans chercher au dehors un supplément aux ressources que le pays leur fournissait en abondance. Ils l'eussent fait sans doute et se fussent contentés de consommer les prestations de leurs sujets, s'ils s'étaient trouvés, comme leurs contemporains de l'Europe Occidentale, dans l'impossibilité de communiquer avec l'extérieur. Mais la situation qu'ils occupaient devait bientôt les engager à pratiquer une économie d'échange.

La Russie méridionale était placée, en effet, entre deux domaines de civilisation supérieure. À l'Est, au delà de la Mer Caspienne, s'étendait le Khalifat de Bagdad ; au Sud, la Mer Noire baignait les côtes de l'Empire Byzantin et conduisait vers Constantinople. Les barbares éprouvèrent tout de suite le rayonnement de ces deux puissants foyers. Sans doute, ils étaient au plus haut point énergiques, entreprenants et aventureux, mais leurs qualités natives ne firent que mettre à profit les circonstances. Des marchands arabes, juifs et byzantins fréquentaient déjà les régions slaves quand ils en prirent possession. Ces marchands leur indiquaient la voie à suivre, et ils n'hésitèrent pas à s'y lancer sous l'aiguillon de l'amour du gain, aussi naturel à l'homme primitif qu'à l'homme civilisé. Le pays qu'ils occupaient mettait à leur disposition des produits particulièrement propres au trafic avec des Empires riches et de vie raffinée.

Ses immenses forêts leur fournissaient en quantité le miel, précieux à cette époque où le sucre était encore inconnu, et les fourrures, dont la somptuosité est requise, même dans les climats du midi, pour le luxe des vêtements et du mobilier. Les esclaves étaient plus faciles encore à se procurer, et grâce aux harems musulmans et aux grandes maisons ou aux ateliers byzantins, d'un placement aussi certain que rémunérateur. Ainsi, dès le ixe siècle, tandis que l'Empire Carolingien se trouvait confiné dans l'isolement depuis la fermeture de la Méditerranée, la Russie méridionale au contraire était sollicitée d'écouler ses produits vers les deux grands marchés qui exerçaient sur elle leur attraction. Le paganisme des Scandinaves du Dnieper les affranchissait des scrupules religieux qui empêchaient les chrétiens d'Occident de communiquer avec les Musulmans. N'appartenant ni à la foi du Christ, ni à celle de Mahomet, ils ne demandaient qu'à s'enrichir indifféremment avec les adeptes de l'une et de l'autre.

L'importance du trafic qu'ils entretinrent tant avec l'Empire Musulman qu'avec l'Empire Grec, nous est attestée par le nombre extraordinaire des monnaies arabes et byzantines découvertes en Russie et qui y marquent comme d'un pointillé d'or la direction des voies commerciales. De la région de Kief elles suivaient vers le Sud le cours du Dnieper, vers l'Est, celui de la Volga et vers le Nord, la direction marquée par la Duna et les lacs qui aboutissent au golfe de Botnie. Les renseignements de voyageurs juifs ou arabes et d'écrivains byzantins complètent heureusement les données des fouilles archéologiques. Il suffira de résumer brièvement ici ceux que nous rapporte au Xe siècle, Constantin Porphyrogénète[31]. Il nous montre les Russes assemblant chaque année, après la fonte des glaces, leurs bateaux à Kief. La flottille descend lentement le Dnieper, dont les nombreuses cataractes lui opposent des obstacles qu'il faut tourner en traînant les barques le long de la rive. La mer atteinte, on cingle le long des côtes vers Constantinople, but suprême du lointain et périlleux voyage. Les marchands russes y possèdent un quartier spécial et des traités de commerce, dont le plus ancien remonte au ixe siècle, règlent leurs rapports avec les habitants de la capitale. Beaucoup d'entre eux, séduits par ses attraits, s'y fixent à demeure et y prennent du service dans la garde impériale, comme jadis les Germains dans les légions de Rome. La ville des empereurs (Tsarograd) exerçait sur les Russes un prestige dont l'influence s'est conservée à travers les siècles. C'est d'elle qu'ils reçurent le christianisme (957-1015) ; c'est à elle qu'ils empruntèrent leur art, leur écriture, l'usage de la monnaie et une bonne partie de leur organisation administrative. Il n'en faut pas davantage pour attester le rôle joué par le commerce byzantin dans leur vie sociale. Il y occupe une place si essentielle que sans lui, leur civilisation demeurerait inexplicable. Sans doute, les formes suivant lesquelles il s'exerce sont très primitives, mais ce qui importe ce ne sont pas les formes de ce trafic, c'est l'action qu'il a exercée.

Or, on peut dire qu'il a vraiment déterminé chez les Russes du haut Moyen Âge, la constitution de la société. Par un contraste frappant avec ce que l'on constate parmi leurs contemporains de l'Europe carolingienne, non seulement l'importance, mais l'idée même de la propriété foncière leur est inconnue. Leur notion de la richesse ne comprend que les biens meubles, dont les plus précieux sont les esclaves. Ils ne s'intéressent à la terre que dans la mesure où, par la domination qu'ils exercent sur elle, ils peuvent s'en approprier les produits. Et si cette conception est celle d'une classe de guerriers conquérants, on ne peut guère douter qu'elle se soit maintenue si longtemps parce que ces guerriers étaient en même temps des marchands. Ajoutons que la concentration des Russes dans les *gorods*, motivée au début par nécessité militaire, s'est trouvée, elle aussi, correspondre admirablement à la nécessité commerciale. Une organisation créée par des barbares en vue de maintenir sous le joug des populations conquises, s'est donc adaptée au genre de vie qui devint le leur dès qu'ils furent soumis à l'attirance économique de Byzance et de Bagdad. Leur exemple montre qu'une société ne doit pas nécessairement passer par l'agriculture avant de s'adonner au commerce. Ici, le commerce apparaît comme le phénomène primitif. Et s'il en est ainsi, c'est que, dès le début, les Russes, au lieu de se trouver, comme les habitants de l'Europe occidentale, isolés du monde extérieur, ont été poussés au contraire ou pour mieux dire entraînés à correspondre avec lui. De là les oppositions si violentes que l'on relève en comparant leur état social à celui de l'Empire Carolingien : au lieu d'une aristocratie domaniale, une aristocratie commerçante ; au lieu de serfs attachés à la glèbe, des esclaves considérés comme des instruments de travail ; au lieu d'une population vivant à la campagne, une population agglomérée dans des villes ; au lieu enfin d'une simple économie de consommation, une économie d'échange et une activité commerciale régulière et permanente.

Que ces oppositions si flagrantes soient le résultat des circonstances qui ont donné des débouchés à la Russie tandis qu'elles en privaient l'Empire Carolingien, l'histoire le démontre avec une surprenante évidence. L'activité du commerce russe ne s'est maintenue, en effet, qu'aussi longtemps que les chemins de Constantinople et de Bagdad lui sont demeurés ouverts. Elle ne devait point résister à la crise que les Petchénègues firent fondre sur elle, au xie siècle. L'invasion de ces barbares aux bords de la mer Caspienne et de la Mer Noire y entraîna des conséquences identiques à celles que l'invasion de l'Islam dans la Méditerranée avait eues au viiie siècle pour l'Europe Occidentale.

De même que celle-ci avait coupé les communications de la Gaule avec l'Orient, elle coupa les communications de la Russie avec ses marchés extérieurs. Et, de part et d'autre, les résultats de cette interruption coïncident avec une exactitude singulière. En Russie comme en Gaule, le transit disparaissant, les villes se dépeuplent et la population, étant obligée de trouver sur place les moyens de pourvoir à sa subsistance, une période d'économie agricole se substitue à la période d'économie commerciale. En dépit des différences de détail, des deux côtés c'est le même spectacle. Les régions du Midi, ruinées et inquiétées par les barbares, le cèdent aux régions du Nord. Kief tombe en décadence comme l'avait fait Marseille ; le centre de l'État russe se transporte à Moscou, de même que le centre de l'État franc, avec la dynastie carolingienne, s'était déplacé vers le bassin du Rhin. Et pour achever de rendre le parallélisme plus significatif encore, on voit se constituer, en Russie comme en Gaule, une aristocratie foncière et s'organiser un système domanial dans lequel l'impossibilité d'exporter ou de vendre réduit la production aux besoins du propriétaire et de ses paysans. Ainsi, de part et d'autre, les mêmes causes ont produit les mêmes effets. Mais elles ne les ont pas produits à la même date. La Russie vivait du commerce à l'époque où l'Empire carolingien ne connaissait plus que le régime domanial, et elle inaugura ce régime au moment même où l'Europe occidentale ayant trouvé de nouveaux débouchés, rompait avec lui. Nous aurons à examiner plus loin comment cette rupture s'est accomplie. Il nous suffit pour le moment d'avoir justifié par l'exemple de la Russie, l'idée que l'économie de l'époque carolingienne ne provient pas d'une évolution interne mais qu'il faut l'attribuer, avant tout, à la fermeture de la Méditerranée par l'Islam.

---

1. H. Pirenne, *Mahomet et Charlemagne* (*Revue belge de philologie et d'histoire*, t. I, p. 86).
2. On pourrait objecter que Charlemagne a conquis en Italie le royaume des Lombards et en Espagne la région comprise entre les Pyrénées et l'Ebre. Mais ces poussées vers le Sud ne s'expliquent aucunement par le désir de dominer les rivages de la Méditerranée. Les expéditions contre les Lombards ont été provoquées par des causes politiques et surtout par l'alliance avec la papauté. L'occupation de l'Espagne du Nord n'avait d'autre but que d'établir une solide frontière contre les Musulmans.
3. H. Pirenne, *Un contraste économique. Mérovingiens et Carolingiens* (*Revue belge de philologie et d'histoire*, t. II, p. 223.)
4. L'importation, cependant, n'en avait pas encore complètement cessé à cette date. La dernière mention que l'on connaisse de l'usage du papyrus en Gaule est de 787. M. Prou, *Manuel de paléographie*, 4e édit., p. 9. En Italie, on continua de l'employer jusqu'au xie siècle. Giry, *Manuel de diplomatique*, p. 494. Il y était importé soit d'Égypte, soit plus probablement de Sicile, où les Arabes en avaient introduit la fabrication par le commerce des villes byzantines du Sud de la péninsule ou par celui de Venise, dont il sera question au chapitre IV. — Il est caractéristique aussi de

constater qu'à partir de l'époque carolingienne, les fruits d'Orient, encore si largement représentés dans l'alimentation des temps mérovingiens disparaissent complètement. Si l'on consulte les *tractoriae* fixant l'approvisionnement des fonctionnaires, on voit que les *missi* carolingiens en sont réduits à des menus de paysans : viande, œufs et beurre. Voy. Waitz, *Verfassungsgeschichte*, t. II 2, p. 296.

5. Même phénomène à Stavelot où les moines ne se font plus confirmer l'exemption du tonlieu que Sigebert III leur a consentie au passage de la Loire, c'est à dire sur la route de Marseille. Halkin et Roland, *Cartulaire de l'Abbaye de Stavelot-Malmédy*, t. I, p. 10.
6. F. Kiener, *Verfassungsgeschichte der Provence*, p. 31. — Il est caractéristique d'observer qu'au ixe siècle, les routes qui franchissaient les Alpes en direction de Marseille ne sont plus fréquentées. Celle du Mont Genèvre est abandonnée. Il n'y a plus de circulation que par les cols s'ouvrant vers le Nord : Mont Cenis, petit et grand Saint-Bernard, Septimer. Voy. P. H. Scheffel, *Verkehrsgeschichte der Alpen* (Berlin, 1908-1914).
7. A. Schulte, *Geschichte des Mittelalterlichen Handels und Verkehrs zwischen Westdeutschland und Italien*, t. II, p. 59 (Leipzig, 1900).
8. W. Vogel, *Die Normannen und das fränkische Reich* (Heidelberg, 1906).
9. Ch. de la Roncière, *Charlemagne et la civilisation maritime au ixe siècle* (Le Moyen âge, t. X [1897], p. 201).
10. A. Dopsch, *Die Wirtschaftsentwicklung der Karolingerzeit*, t. II, p. 180 et suiv., en a relevé avec une très grande érudition un nombre considérable. Il faut pourtant remarquer que beaucoup d'entre elles se rapportent à la période mérovingienne et que beaucoup d'autres sont loin d'avoir la signification qu'il leur attribue. Voy. aussi J. W. Thompson, *The Commerce of France in the ninth century* (The Journal of political economy, t. XXIII [1915], p. 857).
11. Quentovic fut détruit par les incursions de 842 et de 844, Duurstede, ravagé en 834, 835. Vogel, *op. cit.*, p. 88, 66. Cf. J. De Vries, *De Wikingen in de lage landen bij de zee* (Harlem, 1923).
12. H. Pirenne, *Draps de Frise ou draps de Flandre ?* (Vierteljahrschrift für Sozial und Wirtschaftsgeschichte, t. VII [1909], p. 308).
13. M. Prou, *Catalogue des monnaies carolingiennes de la Bibliothèque Nationale*, p. 10.
14. W. Vogel, *Die Normannen und das Fränkische Reich*, p. 62.
15. *Capitularia regum Francorum*, éd. Boretius, t. II, p. 250.
16. Voy. la lettre d'Agobard. Pour l'ensemble des textes, cf. Aronius, *Regesten zur Gesckickte der Juden im fränkischen und deutschen Reiche bis zum Jahre 1273* (Berlin, 1902).
17. À la différence des chrétiens, les juifs d'Espagne restaient en rapports avec l'Orient grâce à la navigation musulmane. Voy. des textes significatifs sur leur commerce d'étoffes grecques et orientales dans C. Sanchez-Albornoz, *Estampas de la vida en Leon durante et siglo X*, p. 17 et suiv., dans *Discursos leidos ante la real Academia de la Historia* (Madrid, 1926).
18. L'ingénieuse démonstration de M. J. W. Thompson pour prouver le contraire, dans son travail cité plus haut, soulève des difficultés philologiques qui empêchent de l'admettre. L'origine grecque du mot *Cappi*, sur laquelle elle se fonde, ne peut être acceptée.
19. K. Rathgen, *Die Entstehung der Märkte in Deutschland*, p. 9 (Darmstadt, 1881).
20. Imbart de la Tour, *Des immunités commerciales accordées aux églises du viie au ixe siècle* (Études d'histoire du Moyen âge dédiées à Gabriel Monod [Paris, 1896], p. 71).
21. On pourrait être tenté à première vue de voir de grands marchands dans les marchands du palais que mentionne une formule de 828 (Zeumer, *Formulae*, p. 314). Mais il suffit de constater que ces marchands doivent rendre compte de leurs affaires à l'empereur et qu'ils sont soumis à la juridiction de *magistri* spéciaux fixés au palais, pour ne voir en eux que les agents du ravitaillement de la cour. Les marchands de profession sont devenus si rares que leur condition est comparée à

celle des *iudei*. D'ailleurs le fait que quantité d'abbayes se chargent d'envoyer des serviteurs acheter sur place les denrées nécessaires à leur alimentation (vin, sel et, dans les années de disette, seigle ou froment) prouve l'absence d'un ravitaillement normal par le commerce. Pour établir le contraire, il faudrait montrer que les quartiers marchands existant dans les villes à l'époque mérovingienne s'y rencontrent encore au ixe siècle. — J'ajouterai encore que l'étude comparée du tonlieu à l'époque mérovingienne et à l'époque carolingienne atteste, comme je me réserve de le montrer ailleurs, la décadence profonde du commerce au ixe siècle.

22. M. Prou, *Catalogue des monnaies carolingiennes de la Bibliothèque Nationale*, p. xlv.
23. Le fait que la disparition de la monnaie d'or est une conséquence de la décadence économique des temps carolingiens est confirmé par l'existence d'une petite frappe d'or subsistant en Frise et à Uzès, c'est à dire précisément dans les régions de l'Empire où d'une part les ports de Quentovic et de Duurstede et de l'autre les Juifs d'Espagne entretenaient encore un certain commerce. Pour cette frappe, voy. Prou, *op. cit.*, p. xxxi.
24. G. Waitz, *Deutsche Verfassungsgeschichte*, 2e édit., t. IV (1885), p. 112 ; F. Lot, *Un grand domaine à l'époque franque. Ardin en Poitou, contribution à l'étude de l'impôt* dans *Cinquantenaire de l'École des Hautes Études. Mélanges publiés par la Section des Sciences historiques et philologiques*, p. 109 (Paris, 1921).
25. En 818 et 831, il n'existe plus de tonlieux relevant directement de l'empereur que ceux de Quentovic, de Duurstede et du Mont Cenis (*Clusas*).
26. W. Wittich, *Die Grundherrschaft in Nordwestdeutschland* (Leipzig, 1896) ; H. Pirenne, *Liberté et propriété en Flandre du ixe au xiie siècle*. (*Bulletin de l'Académie de Belgique, Classe des Lettres*, 1906) ; H. Van Werveke, *Grands propriétaires en Flandre au viie et au viiie siècle* (*Revue belge de philologie et d'histoire*, t. II [1923], p. 321).
27. *Capitularia regum Francorum*, éd. Boretius, t. I, p. 125.
28. Le polyptyque de l'abbé Irminon est la source principale pour la connaissance de cette organisation. Les prolégomènes de Guérard dans l'édition qu'il en a donnée en 1844 sont encore à lire. On consultera aussi sur ce sujet le fameux *Capitulare de Villis*. K. Gareis en a donné un bon commentaire : *Die Landgüterordnung Karls des Grossen* (Berlin, 1895). Pour les controverses récentes sur la portée et la date du Capitulaire, voy. M. Bloch, *L'origine et la date du Capitulare de Villis* (*Revue Historique*, t. CXLIII [1923], p. 40).
29. Certains auteurs ont cru pouvoir admettre que les produits domaniaux étaient destinés à la vente. Voy. par exemple : F. Keutgen, *Aemter und Zünfte*, p. 58 (Iena, 1903). Il est incontestable que dans des cas exceptionnels et par exemple en temps de famine, des ventes ont eu lieu. Mais en règle générale, on ne vendait certainement pas. Les textes allégués pour prouver le contraire sont en trop petit nombre et trop ambigus pour pouvoir emporter la conviction. Il est évident que toute l'économie du système domanial du haut Moyen Âge est en opposition flagrante avec l'idée de profit. Il n'y eut de ventes qu'exceptionnellement, lorsque, par exemple, une année particulièrement favorable fournissait aux domaines d'une région un surplus qui attirait vers eux les gens des régions souffrant de disette. C'est là un commerce purement occasionnel tout à fait différent du commerce normal.
30. Pour ce qui suit, consulter : M. Rostovtzev, *Iranians and Greeks in South Russia* (Oxford, 1922) et *The origin of the Russian State on the Dnieper* (*Annual Report of the American Historical Association for 1920*, p. 163, Washington, 1925) ; V. Thomsen, *The relations between ancient Russia and the origin of the Russian State* (Oxford, 1877 ; édit. allemande : *Der Ursprung des Russischen Staates*, Gotha, 1879) ; B. Kloutchevski, *Curs Russkoi Istorii*, t. I, p. 180 (Moscou, 1916) ; J. M. Kulischer, *Istoria Russkoi torgovli*, p. 5 (Petrograd, 1923).
31. *De administrando imperio* (écrit vers 950). Il faut consulter sur ce texte l'admirable commentaire de V. Thomsen, *op. cit.* 4

3
LES CITÉS ET LES BOURGS

Des villes ont-elles existé au milieu de la civilisation à base essentiellement agricole qui est devenue celle de l'Europe Occidentale au cours du ixe siècle ? La réponse à cette question dépend du sens que l'on donne au mot ville. Si l'on appelle ainsi une localité dont la population, au lieu de vivre du travail de la terre, se consacre à l'exercice du commerce et de l'industrie, il faudra répondre non. Il en sera encore de même si l'on entend par ville une communauté douée de la personnalité juridique et jouissant d'un droit et d'institutions qui lui appartiennent en propre. Au contraire, si l'on envisage la ville comme un centre d'administration et comme une forteresse, on se persuadera sans peine que la période carolingienne a connu, à peu de chose près, autant de villes qu'en devaient connaître les siècles qui l'ont suivie. Cela revient à dire que les villes qui s'y rencontrent furent privées de deux des attributs fondamentaux des villes du Moyen Âge et des temps modernes, une population bourgeoise et une organisation municipale.

Si primitive qu'elle soit, toute société sédentaire éprouve le besoin de fournir à ses membres des centres de réunion, ou, si l'on veut, des lieux de rendez-vous. La célébration du culte, la tenue des marchés, les assemblées politiques et judiciaires imposent nécessairement la désignation d'endroits destinés à recevoir les hommes qui veulent ou qui doivent y participer.

Les nécessités militaires agissent plus fortement encore dans ce sens. En cas d'invasion, il faut que le peuple dispose de refuges où il trouvera une sauvegarde momentanée contre l'ennemi. La guerre est aussi ancienne que l'humanité, et la construction de forteresses presque aussi ancienne que la guerre. Les premiers bâtiments construits pour l'homme paraissent bien avoir été des enceintes de protection. Il n'est guère de tribus barbares où l'on n'en rencontre de nos jours, et, si loin que l'on remonte dans le passé, le spectacle reste le même. Les *acropoles* des Grecs, les *oppida* des Étrusques, des Latins, des Gaulois, les *burgen* des Germains, les *gorods* des Slaves n'ont été au début, comme les *Krals* des nègres de l'Afrique du Sud, que des lieux d'assemblée mais surtout que des abris. Leur plan et leur construction dépendent naturellement de la configuration du sol et des matériaux qu'il fournit. Mais le dispositif général en est partout le même. Il consiste en un espace de forme carrée ou circulaire, entouré de remparts faits de troncs d'arbres, de terre ou de blocs de roches, protégés par un fossé et percés de portes. Bref, c'est un enclos. Et nous noterons tout de suite que les mots qui dans l'anglais moderne (*town*) ou dans le russe moderne (*gorod*) désignent une ville, ont primitivement désigné un enclos.

En temps ordinaire, ces enclos restaient vides. La population n'y affluait qu'à l'occasion de cérémonies religieuses ou civiles ou lorsque la guerre la contraignait à s'y réfugier avec ses troupeaux. Mais les progrès de la civilisation transformèrent peu à peu leur animation intermittente en une animation continue. Des temples s'y élevèrent ; les magistrats ou les chefs du peuple y établirent leur résidence ; des commerçants et des artisans vinrent s'y fixer. Ce qui n'avait été tout d'abord qu'un centre occasionnel de rassemblement devint une cité, centre administratif, religieux, politique et économique de tout le territoire de la tribu, dont le plus souvent elle prit le nom.

Cela explique comment, dans quantité de sociétés et particulièrement dans l'antiquité classique, la vie politique des cités ne se restreignait pas à l'enceinte de leurs murailles. La cité, en effet, avait été construite pour la tribu, et tous les hommes de celle-ci, qu'ils habitassent au dedans ou au dehors des murs, en étaient également citoyens. Ni la Grèce, ni Rome n'ont connu rien d'analogue à la bourgeoisie strictement locale et particulariste du Moyen Âge. La vie urbaine s'y confondait avec la vie nationale. Le droit de la cité était, comme la religion même de la cité, commun à tout le peuple dont elle était la capitale et qui constituait avec elle une seule et même république.

Le système municipal s'identifie donc dans l'Antiquité avec le système constitutionnel. Et lorsque Rome eut étendu sa domination à tout le monde méditerranéen, elle en fit la base du système administratif de son Empire. Ce système survécut dans l'Europe Occidentale aux invasions germaniques[1]. On en retrouve incontestablement les traces en Gaule, en Espagne, en Afrique, en Italie bien longtemps après le ve siècle. Peu à peu cependant, la décadence de l'organisation sociale en fit disparaître la plupart des traits. On ne trouve plus, au viiie siècle, ni les *Decuriones* ni les *Gesta municipalia*, ni le *Defensor civitatis*. En même temps, la poussée de l'Islam dans la Méditerranée, rendant impossible le commerce qui jusqu'alors avait encore entretenu quelque activité dans les villes, les condamne à une irrémédiable déchéance. Mais il ne les condamne pas à la mort. Si diminuées, si anémiées qu'elles soient, elles subsistent. Dans la société agricole de ce temps, elles conservent malgré tout une importance primordiale. Il est indispensable de se bien rendre compte du rôle qu'elles y ont joué, si l'on veut comprendre celui qui leur sera dévolu plus tard.

On a déjà vu que l'Église avait établi ses circonscriptions diocésaines sur les circonscriptions des cités romaines. Respectée par les barbares, elle continua ainsi à maintenir après leur établissement dans les provinces de l'Empire, le système municipal sur lequel elle s'était fondée. La cessation du commerce, l'exode des marchands n'eurent aucune influence sur l'organisation ecclésiastique. Les villes où habitaient les évêques devinrent plus pauvres et moins peuplées sans que les évêques eux-mêmes s'en ressentissent. Au contraire, plus déclina la richesse générale, plus leur force et leur influence allèrent en s'affirmant. Entourés d'un prestige d'autant plus grand que celui de l'État avait disparu, comblés de donations par les fidèles, associés par les Carolingiens au gouvernement de la société, ils s'imposèrent à la fois par leur autorité morale, leur puissance économique et leur action politique.

Lorsque l'Empire de Charlemagne s'effondra, leur situation, loin d'en souffrir, s'affermit encore. Les princes féodaux qui avaient ruiné le pouvoir royal ne touchèrent point à celui de l'Église. Son origine divine la mettait à l'abri de leurs atteintes. Ils craignaient les évêques qui pouvaient lancer sur eux l'arme terrible de l'excommunication. Ils les révéraient comme les gardiens surnaturels de l'ordre et de la justice. Au milieu de l'anarchie du ixe et du xe siècle, l'ascendant de l'Église resta donc intact et elle s'en montra digne. Pour combattre le fléau des guerres privées que la royauté était désormais impuissante à réprimer, les évêques organisèrent dans leurs diocèses l'institution de la paix de Dieu[2].

Cette prééminence des évêques conféra naturellement à leurs résidences, c'est à dire aux anciennes cités romaines, une importance singulière. Elle les sauva de la ruine. Dans l'économie du ixe siècle, elles n'avaient plus, en effet, de raisons d'exister. En cessant d'être des centres commerciaux, elles avaient perdu, à toute évidence, la plus grande partie de leur population. Avec les marchands disparut le caractère urbain qu'elles avaient conservé encore durant l'époque mérovingienne. Pour la société laïque, elles ne présentaient plus la moindre utilité. Autour d'elles, les grands domaines vivaient de leur vie propre. Et l'on ne voit point pour quel motif l'État, constitué lui aussi sur une base purement agricole, se fût intéressé à leur sort. Il est très caractéristique de constater que les palais (*palatia*) des princes carolingiens ne se rencontrent pas dans les cités. Ils se trouvent sans exception à la campagne, sur les domaines de la dynastie : à Herstal, à Jupille, dans la vallée de la Meuse, à Ingelheim, dans celle du Rhin, à Attigny, à Quiercy, dans celle de la Seine, etc. La renommée d'Aix-la-Chapelle ne doit pas faire illusion sur le caractère de cette localité. L'éclat qu'elle jeta momentanément sous Charlemagne n'est dû qu'à sa qualité de résidence favorite de l'Empereur. À la fin du règne de Louis le Pieux elle retombe dans l'insignifiance. Elle ne devait devenir une ville que quatre siècles plus tard.

L'administration ne pouvait contribuer en rien à la survivance des cités romaines. Les comtés qui formaient les provinces de l'Empire franc, étaient aussi dépourvus de chefs-lieux que l'Empire lui-même était dépourvu de capitale. Les comtes, à qui la direction en était confiée, n'y étaient pas installés à poste fixe. Ils parcouraient constamment leur circonscription afin d'y présider les assemblées judiciaires, d'y percevoir l'impôt, d'y lever des troupes. Le centre de l'administration n'était pas leur résidence mais leur personne. Il importait donc fort peu qu'ils eussent ou qu'ils n'eussent pas leur domicile dans une cité. Recrutés parmi les grands propriétaires de la région, ils habitaient d'ailleurs le plus souvent sur leurs terres. Leurs châteaux, comme les palais des empereurs, se trouvaient habituellement à la campagne[3].

Au contraire, la sédentarité à laquelle la discipline ecclésiastique contraignait les évêques, les attachait de façon permanente à la cité où se trouvait fixé le siège de leur diocèse. Devenues sans emploi pour l'administration civile, les cités ne perdirent point leur qualité de centres de l'administration religieuse. Chaque diocèse resta groupé autour de la ville qui renfermait sa cathédrale. Le changement de sens du mot *civitas* à partir du ixe siècle atteste clairement ce fait. Il devient synonyme d'évêché et de ville épiscopale. On dit *civitas Parisiensis* pour désigner aussi bien le diocèse de Paris que la ville même de Paris où résidait l'évêque. Et sous cette double acception se conserve le souvenir du système municipal antique adapté par l'Église à ses fins particulières.

En somme, ce qui se passa dans les cités carolingiennes appauvries et dépeuplées, rappelle d'une manière frappante ce qui, sur un théâtre bien plus considérable, s'est passé à Rome même lorsque, dans le courant du ive siècle, la ville éternelle a cessé d'être la capitale du monde. En la délaissant pour Ravenne, puis pour Constantinople, les empereurs l'ont abandonnée au pape. Ce qu'elle n'était plus dans le gouvernement de l'État, elle l'est restée dans le gouvernement de l'Église. La ville impériale est devenue la ville pontificale. Son prestige historique a rehaussé celui du successeur de Saint Pierre. Isolé, il a paru plus grand, et il est en même temps devenu plus puissant. On n'a plus vu que lui ; on n'a plus, en l'absence des anciens maîtres, obéi qu'à lui. En continuant à habiter Rome, il en a fait *sa* Rome, comme chaque évêque a fait de la cité qu'il habitait, *sa* cité.

Durant les derniers temps du bas Empire et de plus en plus encore pendant l'époque mérovingienne, le pouvoir des évêques sur la population des cités n'avait cessé de grandir. Ils avaient profité de la désorganisation croissante de la société civile pour accepter ou pour s'arroger une autorité que les habitants n'avaient garde de leur contester et que l'État n'avait aucun intérêt et d'ailleurs aucun moyen de leur interdire. Les privilèges dont le clergé commence à jouir dès le IVe siècle en matière, de juridiction et en matière d'impôts, rehaussèrent encore leur situation. Elle devint plus éminente par l'octroi des diplômes d'immunité que les rois francs prodiguèrent en leur faveur. Par eux, les évêques se virent exemptés, en effet, de l'intervention des comtes dans les domaines de leurs Églises. Ils se trouvèrent investis dès lors, c'est à dire depuis le viie siècle, d'une véritable seigneurie sur leurs hommes et sur leurs terres. À la juridiction ecclésiastique qu'ils exerçaient déjà sur le clergé, s'adjoignit donc une juridiction laïque qu'ils confièrent à un tribunal constitué par eux et dont le siège fut fixé, naturellement, dans la cité où ils avaient leur résidence.

Lorsque la disparition du commerce, au ixe siècle, anéantit les derniers vestiges de la vie urbaine et mit fin à ce qui subsistait encore de population municipale, l'influence des évêques, déjà si étendue, devint sans rivale. Les cités leur furent désormais exclusivement soumises. Il ne s'y rencontrait plus guère, en effet, que des habitants relevant plus ou moins directement de l'Église.

En l'absence de renseignements tout à fait précis, il est possible cependant de conjecturer la nature de leur population. Elle se composait du clergé de l'Église cathédrale et des autres églises groupées autour d'elle, des moines des monastères qui vinrent se fixer, parfois en nombre considérable, au siège du diocèse, des maîtres et des étudiants des écoles ecclésiastiques, des serviteurs enfin et des artisans, libres ou non libres, qui étaient indispensables aux besoins du culte et à ceux de l'existence journalière de l'agglomération cléricale.

Presque toujours, on rencontrait dans la cité un marché hebdomadaire où les paysans des environs apportaient leurs denrées ; parfois même il s'y tenait une foire annuelle (*annalis mercatus*). Aux portes, se percevait le tonlieu sur tout ce qui entrait ou sortait. Un atelier monétaire fonctionnait à l'intérieur des murs. On y rencontrait aussi quelques tours habitées par des vassaux de l'évêque, par son avoué ou par son châtelain. Il faut enfin ajouter à tout cela les granges et les magasins où venaient s'amasser les récoltes des domaines épiscopaux et monastiques, charriées, à époques fixes, par les tenanciers de l'extérieur. Aux grandes fêtes de l'année les fidèles du diocèse affluaient dans la cité et l'animaient durant quelques jours d'un bruit et d'un mouvement inaccoutumés[4].

Tout ce petit monde reconnaissait également dans l'évêque son chef spirituel et son chef temporel. L'autorité religieuse et l'autorité séculière s'unissaient, ou pour mieux dire, se confondaient dans sa personne. Aidé d'un Conseil formé de prêtres et de chanoines, il administrait la cité et le diocèse conformément aux préceptes de la morale chrétienne. Son tribunal ecclésiastique, présidé par l'archidiacre, avait singulièrement élargi sa compétence grâce à l'impuissance et plus encore à la faveur de l'État. Non seulement les clercs en dépendaient en toute matière, mais c'est encore de lui que relevaient quantité d'affaires intéressant les laïques : affaires de mariage, de testaments, d'état civil, etc. Les attributions de sa cour laïque, à laquelle étaient préposés soit le châtelain, soit l'avoué, avaient bénéficié d'une extension analogue. Depuis le règne de Louis le Pieux, elles n'avaient cessé de réaliser des empiétements qu'explique et que justifie le désordre de plus en plus flagrant de l'administration publique. Ce n'étaient pas seulement les hommes de l'immunité qui lui étaient soumis. Il semble bien que, tout au moins dans l'enceinte de la cité, tout le monde en était justiciable et *qu'en fait* elle se fût substituée à la juridiction que le comte, *en théorie*, possédait encore sur les hommes libres[5]. En outre, l'évêque exerçait un droit de police assez mal défini, grâce auquel il administrait le marché, réglait la perception du tonlieu, surveillait la frappe des monnaies, pourvoyait à l'entretien des portes, des ponts et des remparts. Bref, il n'était plus de domaine, dans l'administration de la cité où, soit de droit, soit d'autorité, il n'intervînt comme gardien de l'ordre, de la paix et du bien commun. Un régime théocratique avait complètement remplacé le régime municipal de l'antiquité. La population était gouvernée par son évêque et elle ne revendiquait pas plus qu'elle ne possédait la moindre participation à ce gouvernement. Il arrivait bien parfois qu'une émeute éclatât dans la cité. Des évêques furent assaillis dans leur palais et même parfois obligés de fuir. Mais il est impossible d'apercevoir dans ces soulèvements la moindre trace d'esprit municipal. Ils s'expliquent par des intrigues ou des rivalités personnelles. Ce serait une erreur absolue que de les considérer comme les précurseurs du mouvement communal du xie et du xiie siècle. Au surplus, ils furent très rares. Tout indique que l'administration épiscopale fut, en général, bienfaisante et populaire.

Nous avons déjà dit que cette administration ne se confinait pas à l'intérieur de la ville. Elle s'étendait à tout l'évêché. La cité en était le siège, mais le diocèse en était l'objet. La population urbaine n'y jouissait nullement d'une situation privilégiée. Le régime sous lequel elle vivait était le régime du droit commun. Les chevaliers, les serfs, les hommes libres qu'elle renfermait ne se distinguaient de leurs congénères de l'extérieur que par km agglomération en lin même endroit. Du droit spécial et de l'autonomie dont devaient jouir les bourgeoisies du Moyen Âge, on ne distingue encore aucune trace. Le mot *civis* par lequel les textes du temps désignent l'habitant de la cité n'est qu'une simple appellation topographique ; il n'a pas de signification juridique[6].

En même temps qu'elles étaient des résidences épiscopales, les cités étaient des forteresses. Pendant les derniers temps de l'Empire Romain, il avait fallu les entourer de murailles afin de les mettre à l'abri des barbares. Ces murailles subsistaient encore presque partout, et les évêques s'occupèrent de les entretenir ou de les restaurer avec d'autant plus de zèle que les incursions des Sarrasins et des Normands firent éprouver durant le ixe siècle, d'une façon de plus en plus pressante, le besoin de protection. La vieille enceinte romaine continua donc de protéger les cités contre de nouveaux périls.

Leur plan resta sous Charlemagne ce qu'il avait été sous Constantin. En règle générale, il affectait la forme d'un rectangle entouré de remparts flanqués de tours et communiquant avec l'extérieur par des portes habituellement au nombre de quatre. L'espace ainsi clôturé était très restreint : la longueur de ses côtés ne dépassait que rarement 4 à 500 mètres[7]. Il s'en fallait d'ailleurs de beaucoup qu'il fût entièrement bâti ; on y rencontrait entre les maisons des champs cultivés et des jardins. Quant aux faubourgs (*suburbia*) qui a l'époque mérovingienne s'étendaient encore en dehors des murailles, ils avaient disparu[8]. Grâce à leurs défenses, les cités purent presque toujours résister victorieusement aux assauts des envahisseurs du Nord et du Midi. Il suffira de rappeler ici le siège fameux de Paris par les Normands en 885.

Les villes épiscopales servaient naturellement de refuge aux populations de leurs alentours. Des moines y venaient même de très loin chercher un asile contre les Normands, comme le firent, par exemple à Beauvais, ceux de Saint-Vaast en 887, à Laon, ceux de Saint-Quentin et ceux de Saint-Bavon de Gand en 881 et en 882[9].

Au milieu de l'insécurité et des désordres qui imprègnent d'un caractère si lugubre la seconde moitié du ixe siècle, il échut donc aux cités de remplir véritablement une mission protectrice. Elles furent, dans toute la force du terme, les sauvegardes d'une société envahie, rançonnée et terrorisée. Bientôt d'ailleurs elles ne se trouvèrent plus seules à jouer ce rôle.

On sait que l'anarchie du ixe siècle hâta la décomposition inévitable de l'État franc. Les comtes qui étaient en même temps les plus grands propriétaires de leur région, profitèrent des circonstances pour s'arroger une autonomie complète, pour faire de leurs fonctions une propriété héréditaire, pour réunir en leurs mains, au pouvoir privé qu'ils possédaient sur leurs domaines propres, le pouvoir public qui leur était délégué et pour amalgamer enfin sous leur domination, en une seule principauté, tous les comtés dont ils purent s'emparer. L'Empire Carolingien se morcela ainsi depuis le milieu du ixe siècle, en une quantité de territoires soumis à autant de dynasties locales et rattachés seulement à la Couronne par le lien fragile de l'hommage féodal. L'État était trop faiblement constitué pour pouvoir s'opposer à ce morcellement. Il s'accomplit incontestablement par la violence et la perfidie. À tout prendre cependant, il fut favorable à la société. S'étant emparés du pouvoir, les princes éprouvèrent aussitôt les obligations qu'il impose. Leur intérêt le plus évident était de défendre et de protéger les terres et les hommes qui étaient devenus leurs terres et leurs hommes. Ils ne faillirent pas à une tâche que le souci de leur avantage personnel eût suffi à leur imposer. À mesure que leur puissance grandit et s'affermit, on les voit se préoccuper de plus en plus, de donner à leurs principautés une organisation capable d'y garantir l'ordre et la paix publique[10].

Le premier besoin auquel il fallait faire face était celui de la défense, tant contre les Sarrasins ou les Normands, que contre les princes voisins. Aussi voit-on, à partir du ixe siècle, chaque territoire se couvrir de forteresses[11]. Les textes contemporains leur donnent les noms les plus divers : *castellum, castrum, oppidum, urbs, municipium*[12] ; la plus usuelle et en tout cas la plus technique de ces appellations est celle de *burgus*, mot emprunté aux Germains par le latin du Bas Empire et qui s'est conservé dans toutes les langues modernes (burg, borough, bourg, borgo).

De ces bourgs du haut Moyen Âge aucun vestige ne subsiste de nos jours. Les sources nous permettent heureusement de nous en faire une image assez précise. C'étaient des enceintes de murailles, parfois même, au début, de simples palissades de bois[13], d'un périmètre peu étendu, habituellement de forme arrondie et entourées d'un fossé. Au centre se trouvait une tour puissante, un donjon, réduit suprême de la défense en cas d'attaque.

Une garnison de chevaliers (*milites castrenses*) y était établie à poste fixe. Il arrivait souvent que des groupes de guerriers désignés parmi les habitants des alentours venaient la renforcer à tour de rôle. Le tout était placé sous les ordres d'un châtelain (*castellanus*). Dans chacun des bourgs de sa terre, le prince possédait une habitation (*domus*) où il résidait avec sa suite au cours des déplacements continuels auxquels la guerre ou l'administration le contraignaient. Le plus souvent une chapelle ou une église, flanquée des bâtiments nécessaires à la demeure du clergé, dressait son clocher au-dessus des créneaux du rempart. Parfois aussi se rencontrait à côté d'elle un local destiné aux assemblées judiciaires, dont les membres, à dates fixes, venaient de l'extérieur siéger dans le bourg. Ce qui ne manquait jamais, c'étaient enfin une grange et des caves où l'on conservait, pour subvenir aux nécessités d'un siège et pour fournir à l'alimentation du prince pendant ses séjours, le produit des domaines que celui-ci possédait aux environs. Des prestations en nature levées sur les paysans de la région, assuraient de leur côté la subsistance de la garnison. L'entretien des murailles incombait à ces mêmes paysans qui étaient tenus d'y travailler par corvées[14].

Si de pays à pays le spectacle que l'on vient de décrire différait naturellement dans le détail, les traits essentiels s'en rencontrent partout les mêmes. L'analogie est frappante entre les *bourgs* de la Flandre et les *boroughs* de l'Angleterre anglosaxonne[15]. Et cette analogie prouve sans doute que les mêmes nécessités ont entraîné partout des mesures semblables.

Tels qu'ils nous apparaissent, les bourgs sont avant tout des établissements militaires. Mais à ce caractère primitif s'est ajouté de très bonne heure celui de centres administratifs. Le châtelain cesse d'être uniquement le commandant des chevaliers de la garnison castrale. Le prince lui délègue l'autorité financière et judiciaire dans un district plus ou moins étendu autour des murailles du bourg et qui, dès le Xe siècle, prend le nom de châtellenie. La châtellenie dépend du bourg comme l'évêché dépend de la cité. En cas de guerre, ses habitants y trouvent un refuge : en temps de paix, ils s'y rendent pour assister aux réunions de justice ou pour s'y acquitter des prestations auxquelles ils sont soumis[16]. Au reste, le bourg ne présente pas le moindre caractère urbain. Sa population ne se compose, outre les chevaliers et les clercs qui en forment la partie essentielle, que des hommes employés à leur service et dont certainement le nombre a été très peu considérable.

C'est là une population de forteresse, ce n'est point une population de ville. Ni commerce, ni industrie ne sont possibles ni même concevables dans un tel milieu. Il ne produit rien par lui-même, vit des revenus du sol avoisinant et n'a d'autre rôle économique que celui d'un simple consommateur.

À côté des bourgs construits par les princes, il faut mentionner encore les enceintes fortifiées que la plupart des grands monastères firent élever au cours du ixe siècle pour se protéger contre les barbares. Par elles, ils se transformèrent à leur tour en bourgs ou en châteaux. Ces forteresses ecclésiastiques présentent d'ailleurs, à tous égards, le même caractère que les forteresses laïques. Elles ne furent comme elles que des lieux de refuge et de défense[17].

On peut donc conclure, sans crainte de se tromper, que la période qui s'ouvre avec l'époque carolingienne n'a connu de villes ni au sens social, ni au sens économique, ni au sens juridique de ce mot. Les cités et les bourgs n'ont été que des places fortes et des chefs-lieux d'administration. Leurs habitants ne possèdent ni droit spécial, ni institutions propres et leur genre d'existence ne les distingue en rien du reste de la société.

Complètement étrangers à l'activité commerciale et à l'activité industrielle, ils répondent en tous points à la civilisation agricole de leur temps. Leur population est d'ailleurs de bien minime importance. Il n'est point possible, faute de renseignements, de l'évaluer avec précision. Tout indique cependant que celle des bourgs les plus considérables n'a consisté qu'en quelques centaines d'hommes et que les cités n'ont jamais sans doute renfermé plus de 2 à 3 000 habitants.

Les cités et les bourgs ont joué pourtant, dans l'histoire des villes, un rôle essentiel. Ils en ont été, pour ainsi dire, les pierres d'attente. C'est autour de leurs murailles qu'elles se formeront dès que se manifestera la renaissance économique dont on surprend les premiers symptômes au cours du xe siècle.

---

1. Voy. plus haut chapitre I.
2. Sur cette institution voy. L. Huberti, *Studien zur Rechtsgeschichte der Gottesfrieden und Landfrieden* (Ansbach, 1892).
3. Ceci est surtout vrai pour le Nord de l'Europe. Dans le Sud de la France et en Italie, au contraire, où l'organisation municipale romaine a moins complètement disparu, les comtes habitent ordinairement dans les cités.

4. Les cités du ixe et du xe siècle n'ont pas encore été suffisamment étudiées. Ce que j'en dis ici et plus bas est emprunté à divers passages des capitulaires ainsi qu'à certains textes épars dans des chroniques et des vies de saints. Pour les cités de l'Allemagne, naturellement beaucoup moins nombreuses et moins importantes que celles de la Gaule, il faut consulter l'intéressant travail de S. Rietschel *Die civitas auf deutschem Baden bis zum Ausgange der Karolingerzeit* (Leipzig, 1894).
5. Je ne cherche naturellement qu'à caractériser la situation générale. Je n'ignore pas qu'elle comporte de nombreuses exceptions ; mais elles ne peuvent modifier l'impression d'ensemble qui se dégage de l'examen des faits.
6. Rietschel, *Die Civitas*, p. 93.
7. A. Blanchet, *Les enceintes romaines de la Gaule* (Paris, 1907).
8. L. Halphen, *Paris sous les premiers Capétiens*, p. 5 (Paris, 1909).
9. L. H. Labande, *Histoire de Beauvais et de ses institutions communales*, p. 7 (Paris, 1892) ; W. Vogel, *Die Normannen und das Fränkische Reich*, p. 135, 271.
10. La plupart des bourgs ou châteaux furent construits en France par les princes laïques. Les derniers Carolingiens en érigèrent pourtant quelques-uns. En Allemagne, où le pouvoir royal se conserva plus robuste, non seulement les souverains élevèrent des châteaux, mais ils possèdent même, seuls en théorie, le droit d'en élever. Les évêques auxquels ils constituent des principautés territoriales tant en Allemagne qu'en Italie, en bâtissent naturellement comme les princes laïques.
11. Avant l'arrivée des Normands, il n'y avait pas ou presque pas de localités fortifiées en dehors des cités épiscopales. Hariulf, *Chronique de l'abbaye de Saint-Riquier*, éd. F. Lot, p. 118 (Paris, 1894). Cf. R. Parisot, *Le royaume de Lorraine sous les Carolingiens*, p. 55 (Paris, 1899). En Italie, la construction des bourgs (*castra*) fut provoquée par les incursions des Hongrois. (F. Schneider, *Die Entstehung von Burg und Landgemeinde in Italien*, p. 263, Berlin, 1924), en Allemagne, par celles des Hongrois et des Slaves, dans le Sud de la France, par celles des Sarrasins. Brutails, *Histoire des classes rurales dans le Roussillon*, p. 35.
12. Sur le sens de cet mots voy. K. Hegel, *Neues Archiv der Gesellschaft für ältere deutsche Geschichtskunde*, t. XVIII (1892), et G. Des Marez, *Le sens juridique du mot oppidum. Festschrift für H. Brunner* (Berlin, 1910).
13. E. Dümmler, *Geschichte des Ostfränkischen Reiches*, 2e édit., t. III, p. 156 (Leipzig, 1888).
14. H. Pirenne, *Les villes flamandes avant le xiie siècle* (*Annales de l'Est et du Nord*, t. I [1905], p. 12). Voy. le plan du bourg de Bruges tel qu'il existait au commencement du xiie siècle dans mon édition de Galbert de Bruges.
15. W. Maitland, *Township and Borough* (Cambridge, 1898). Cf. l'étude de M. C. Stephenson, *The origin of the English towns*, qui paraîtra prochainement dans l'*American historical Review*. Il faut aussi comparer les bourgs occidentaux avec ceux élevés au xe siècle contre les Slaves, le long de l'Elbe et de la Saale, par Henri l'Oiseleur. C. Koehne, *Burgen, Burgmannen und Städte* (*Historische Zeitschrift*, t. CXXXIII, 1925).
— Pour le rôle social des bourgs, je me borne à citer le texte suivant qui me paraît tout à fait caractéristique ; il est question de la fondation en 996 du Cateau-Cambrésis « ut esset obstaculum latronibus praesidiumque libertatis circum et circa rusticanis cultoribus ». *Gesta episcoporum Cameracensium, Mon. Germ. Hist. Script.*, t. VII, p. 450. Voy. un exemple analogue dans Koehne, *loc. cit.*, p. 11, n. 5, où il est question de l'érection d'un bourg dans l'évêché de Hildesheim « ad municionem… contra perfidorum incursionem et vastationem Sciavorum ».
16. W. Blommaert, *Les châtelains de Flandre* (Gand, 1915).
17. Voy. les détails très vivants donnés par les *Miracula Sancti Bertini. Mon. Germ. Hist. Script.*, t. XV, p. 512, sur le *castellum* construit en 891 autour de l'abbaye de Saint-Bertin. Il se compose d'un fossé au bord duquel s'élèvent des remparts de terre couronnés de palissades en bois.

4

LA RENAISSANCE DU COMMERCE

On peut considérer la fin du ixe siècle comme le moment où la courbe décrite par l'évolution économique de l'Europe occidentale depuis la fermeture de la Méditerranée est arrivée à son point le plus bas. C'est aussi le moment où le désordre social provoqué par les pillages des envahisseurs et l'anarchie politique atteint son maximum. Le xe siècle fut, sinon une époque de restauration, tout au moins une époque de stabilisation et de paix relative. La cession de la Normandie à Rollon (912) marque dans l'Ouest la fin des grandes invasions scandinaves, tandis que dans l'Est, Henri l'Oiseleur et Otton arrêtent et fixent les Slaves le long de l'Elbe et les Hongrois dans la vallée du Danube (933, 955). En même temps, le régime féodal, décidément vainqueur de la royauté, s'installe en France sur les débris de l'ancienne constitution carolingienne. En Allemagne, au contraire, le progrès plus lent du développement social permet aux princes de la maison de Saxe d'opposer aux empiétements de l'aristocratie laïque, la puissance des évêques sur lesquels ils s'appuient, de relever le pouvoir monarchique et en se parant du titre d'empereurs romains, de prétendre à l'autorité universelle qu'avait exercée Charlemagne.

Tout cela incontestablement, s'il ne s'est point accompli sans luttes, n'en a pas moins été bienfaisant. L'Europe a cessé d'être foulée sans merci ; elle a repris confiance dans l'avenir et avec la confiance, le courage et le travail. Il semble bien que l'on puisse dater du xe siècle un renouveau du mouvement ascensionnel de la population. Il est plus visible encore que les autorités sociales recommencent à s'acquitter du rôle qui leur incombe. Aussi bien dans les principautés féodales que dans les principautés épiscopales, on surprend dès lors les premières traces d'une organisation s'efforçant d'améliorer la condition du peuple. Le grand besoin de cette époque sortant à peine de l'anarchie, c'est le besoin de paix, le plus primitif et le plus essentiel de tous les besoins sociaux. Rappelons que la première paix de Dieu a été proclamée en 989. Les guerres privées, le fléau de ce temps, ont été énergiquement combattues par les comtes territoriaux de France et par les prélats de l'Église impériale d'Allemagne.

Si sombre qu'il apparaisse encore, le xe siècle a donc vu s'ébaucher le tableau que nous présente le xie. La fameuse légende des terreurs de l'an mil n'est point dénuée à cet égard, de signification symbolique. Il est faux sans doute que les hommes aient attendu la fin du monde en l'an mil ; mais le siècle qui s'ouvre à cette date se caractérise, en opposition avec celui qui le précède, par une recrudescence d'activité si marquée qu'elle pourrait passer pour le réveil d'une société longuement oppressée par un angoissant cauchemar. Dans tous les domaines, on observe le même sursaut d'énergie et je dirais volontiers d'optimisme. L'Église, ranimée par la réforme clunisienne, entreprend de se purifier des abus qui se sont glissés dans sa discipline et de secouer l'asservissement où la tiennent les empereurs. L'enthousiasme mystique qui l'anime et qu'elle insuffle à ses fidèles les lance dans l'entreprise héroïque et grandiose de la croisade qui redresse la chrétienté occidentale contre l'Islam. L'esprit militaire de la féodalité lui fait aborder et réussir des entreprises épiques. Des chevaliers normands vont combattre au Sud de l'Italie les Byzantins et les Musulmans et y fondent les principautés dont sortira bientôt le royaume de Sicile. D'autres Normands, auxquels s'associent des Flamands et des Français du Nord, conquièrent l'Angleterre sous la conduite du duc Guillaume. Au Sud des Pyrénées, les chrétiens refoulent devant eux les Sarrasins d'Espagne et s'emparent de Tolède et de Valence (1072-1109). De telles entreprises n'attestent pas seulement l'énergie et la vigueur des caractères ; elles témoignent aussi de la santé sociale. Elles auraient été manifestement impossibles sans la puissante natalité qui est l'une des caractéristiques du xie siècle. La fécondité des familles y apparaît aussi générale dans la noblesse que chez les paysans. Les cadets abondent partout, se sentant à l'étroit sur le sol natal et brûlant de tenter au loin la fortune. Partout on rencontre des aventuriers en quête de profit ou de travail. Les armées sont pleines de mercenaires *coterelli* ou *Brabantiones*, louant leurs services à qui veut les embaucher. De Flandre et de Hollande, des bandes de paysans partiront dès le début du xiie siècle, pour assécher les *Mooren* des bords de l'Elbe. Dans toutes les légions de l'Europe les bras s'offrent en quantité surabondante et c'est là certainement ce qui explique les grands travaux de défrichement et d'endiguement dont le nombre va croissant depuis lors.

De l'époque romaine au xie siècle, il ne semble pas que la superficie du sol cultivé ait sensiblement augmenté. Les monastères n'ont guère changé à cet égard, sauf dans les pays germaniques, la situation existante. Ils s'établirent presque toujours sur d'anciennes terres et ne firent rien pour diminuer l'étendue des bois, des bruyères et des marécages compris dans leurs domaines. Mais il en fut tout autrement du jour où l'augmentation de la population permit de mettre en valeur ces terrains improductifs. À partir des environs de l'an mil, commence une période de défrichement qui continuera en s'amplifiant toujours jusque vers la fin du xiie siècle. L'Europe se colonisa elle-même grâce à l'accroissement de ses habitants. Les princes et les grands propriétaires se mirent à fonder des villes neuves où affluèrent les cadets en quête de terres à cultiver[1]. Les grands bois commencèrent à s'éclaircir. En Flandre apparaissent vers 1150 les premiers polders[2]. L'ordre de Cîteaux, fondé en 1098, s'adonne aussitôt au défrichement et au déboisement.

Comme on le voit, l'augmentation de la population et le renouveau d'activité dont elle est à la fois la cause et l'effet, a tourné au profit de l'économie agricole. Mais elle devait exercer aussi sa répercussion sur le commerce. Il entre dès avant le xie siècle dans une période de renaissance. Cette renaissance a débuté sous l'action de deux foyers, l'un situé au Sud, l'autre situé au Nord de l'Europe : Venise et l'Italie méridionale d'une part, la côte flamande de l'autre. Et cela revient à dire qu'elle est le résultat d'une excitation extérieure. C'est grâce au contact qui s'est opéré en ces deux points avec le commerce étranger, qu'elle s'est manifestée et propagée. Il eût été possible sans doute qu'il en fût autrement. L'activité commerciale eût pu se ranimer en vertu du fonctionnement de la vie économique générale. Le fait est cependant qu'il n'en alla point ainsi. De même que le commerce occidental s'était évanoui lors de la fermeture de ses débouchés avec le dehors, de même il se réveilla quand ces débouchés se rouvrirent.

Venise, dont l'action se fit sentir sur lui tout d'abord, occupe, on le sait, dans l'histoire économique de l'Europe une place singulière. Comme Tyr, en effet, Venise présente un caractère exclusivement commercial. Ses premiers habitants, fuyant à l'approche des Huns, des Goths et des Lombards, étaient venus chercher un refuge sur les îlots incultes de la lagune (v^e et vi^e siècles), à Rialto, à Olivolo, à Spinalunga, à Dorsoduro[3]. Pour vivre, il leur fallut s'ingénier et lutter contre la nature. Tout manquait : l'eau potable même faisait défaut. Mais la mer suffit à l'existence de ceux qui savent agir. La pêche et la préparation du sel assurèrent tout de suite la subsistance des Vénitiens en les mettant à même de se procurer du blé par l'échange de leurs produits avec les habitants de la côte voisine.

Le commerce leur fut ainsi imposé par les conditions mêmes de leur habitation. Ils eurent l'énergie et le talent de mettre à profit les possibilités indéfinies qu'il offre à l'esprit d'entreprise. Dès le viiie siècle, le groupe des îlots qu'ils occupaient était déjà assez peuplé pour devenir le siège d'un diocèse particulier.

Au moment où la ville s'était fondée, l'Italie tout entière appartenait encore à l'Empire Byzantin. Grâce à sa situation insulaire, elle échappa à l'emprise des conquérants qui s'abattirent successivement sur la péninsule, les Lombards tout d'abord, puis Charlemagne, enfin les empereurs germaniques. Elle demeura donc sous la souveraineté de Constantinople, formant au fond de l'Adriatique et au pied des Alpes, un poste isolé de la civilisation byzantine. Tandis que l'Europe occidentale se détachait de l'Orient, elle continua d'en faire partie. Et cet évènement est d'une importance capitale. La conséquence en fut que Venise ne cessa point de graviter dans l'orbite de Constantinople. À travers les mers, elle en subit l'attraction et elle grandit sous son influence.

Constantinople, jusque dans le courant du xie siècle, apparaît non seulement comme une grande ville, mais comme la plus grande ville de tout le bassin de la Méditerranée. Sa population n'était pas loin d'atteindre au chiffre d'un million d'habitants, et cette population était singulièrement active[4]. Elle ne se contentait pas, comme avait fait celle de Rome, sous la République et sous l'Empire, de consommer sans rien produire. Elle s'adonnait avec un zèle que la fiscalité entravait sans l'étouffer, non seulement au commerce mais à l'industrie. Elle était un grand port et un centre manufacturier de premier ordre, en même temps qu'une capitale politique. On y rencontrait tous les genres de vie et toutes les formes de l'activité sociale. Seule dans le monde chrétien elle présentait un spectacle analogue à celui des grandes cités modernes, avec toutes les complications, toutes les tares mais aussi tous les raffinements d'une civilisation essentiellement urbaine. Une navigation ininterrompue la rattachait aux côtes de la Mer Noire, de l'Asie Mineure, de l'Italie Méridionale et des pays baignés par l'Adriatique. Ses flottes de guerre lui garantissaient la maîtrise de la mer sans laquelle elle n'aurait pu vivre. Aussi longtemps qu'elle resta puissante, elle parvint à maintenir en face de l'Islam sa domination sur toutes les eaux de la Méditerranée Orientale.

On comprend sans peine combien Venise profita de se trouver rattachée à un monde si différent de l'Occident Européen. Elle ne lui dut pas seulement la prospérité de son commerce, il l'initia encore à ces formes supérieures de civilisation, à cette technique perfectionnée, à cet esprit des affaires, à cette organisation politique et administrative qui lui assignent une place à part dans l'Europe du Moyen Âge. Dès le viiie siècle, elle se consacre avec un succès de plus en plus grand au ravitaillement de Constantinople. Ses bateaux y transportent les produits des contrées qui l'avoisinent à l'Est et à l'Ouest : blés et vins d'Italie, bois de Dalmatie, sel des lagunes et, malgré les prohibitions du pape et de l'empereur, des esclaves que ses marins se procurent facilement chez les peuples slaves des bords de l'Adriatique. Ils en rapportent en revanche les tissus précieux que fabrique l'industrie byzantine, ainsi que les épices que l'Asie fournit à Constantinople. Au xe siècle, le mouvement du port atteint déjà des proportions extraordinaires[5]. Et avec l'extension du commerce, l'amour du gain se manifeste de façon irrésistible. Pour les Vénitiens, aucun scrupule ne tient contre lui. Leur religion est une religion de gens d'affaires. Il leur importe peu que les Musulmans soient les ennemis du Christ, si le commerce avec eux peut être profitable. Au cours du ixe siècle, ils se mettent à fréquenter de plus en plus Alep, Alexandrie, Damas, Kairouan, Palerme. Des traités de commerce leur assurent sur les marchés de l'Islam, une situation privilégiée.

Au commencement du xie siècle, la puissance de Venise a fait d'aussi merveilleux progrès que sa richesse. Sous le doge Pierre II Orseolo, elle a purgé l'Adriatique des pirates slaves, elle s'est soumis l'Istrie et possède à Zara, Veglia, Arbe, Trau, Spalato, Curzola, Lagosta, des comptoirs ou des établissements militaires. Jean Diacre célèbre la splendeur et la gloire de l'*aurea Venitia* ; Guillaume d'Apulée vante la cité « riche en argent, riche en hommes » et déclare « qu'aucun peuple au monde n'est plus valeureux dans les guerres navales, plus savant dans l'art de conduire les vaisseaux sur la mer ».

Il était impossible que le puissant mouvement économique dont Venise était le centre ne se communiquât pas aux contrées italiennes dont elle n'était séparée que par la lagune. Elle s'y approvisionnait déjà en blés et en vins qu'elle consommait ou qu'elle exportait, et elle chercha naturellement à s'y créer un débouché pour les marchandises orientales que les marins débarquaient de plus en plus nombreuses sur ses quais. Par le Pô, elle se mit en relations avec Pavie qu'elle ne tarda pas à animer de son activité[6]. Elle obtint des empereurs germaniques le droit de trafiquer librement, d'abord avec les villes voisines, puis avec toute l'Italie, ainsi que le monopole du transport de toutes les denrées arrivant dans son port.

Dans le courant du Xe siècle la Lombardie s'éveille par elle à la vie commerciale. De Pavie elle se répand très rapidement dans les cités des alentours. Toutes s'empressent de participer au trafic dont Venise leur donne l'exemple et qu'il est de son intérêt de susciter chez elles. L'esprit d'entreprise se développe de proche en proche. Ce ne sont plus seulement les produits du sol qui alimentent les relations commerciales avec Venise. L'industrie commence à apparaître. Dès les premières années du XIe siècle au plus tard, Lucques, s'adonne déjà à la fabrication des étoffes et nous en saurions bien davantage sur ces débuts de la renaissance économique de la Lombardie, si nos renseignements n'étaient d'une déplorable indigence[7].

Pour prépondérante que l'influence vénitienne ait été sur l'Italie, elle ne s'y est pas fait sentir exclusivement. Le Sud de la péninsule au delà de Spolète et de Bénévent, était encore et demeura jusqu'à l'arrivée des Normands au XIe siècle, au pouvoir de l'Empire Byzantin. Bari, Tarente, Naples, mais surtout Amalfi conservaient avec Constantinople des rapports analogues à ceux de Venise. C'étaient des places de commerce très actives et qui, pas plus que Venise d'ailleurs, n'hésitaient à trafiquer avec les ports musulmans[8]. Leur navigation ne pouvait manquer de trouver tôt ou tard des émules parmi les habitants des villes côtières situées plus au Nord. Et, en fait, depuis le commencement du xie siècle, on voit Gênes tout d'abord, puis bientôt après Pise, tourner leurs efforts vers la mer. En 935 encore, les pirates Sarrasins avaient pillé Gênes. Mais le moment approchait où la ville allait passer à son tour à l'offensive. Il ne pouvait être question pour elle de conclure avec les ennemis de sa foi des arrangements commerciaux comme avaient fait Venise ou Amalfi. La religiosité mystique de l'Occident ne le permettait pas, et trop de haines s'étaient accumulées contre eux depuis des siècles. La mer ne pouvait être ouverte que de vive force. Dès 1015-16, une expédition est dirigée par les Génois de commun accord avec Pise contre la Sardaigne. Vingt ans plus tard, en 1034, ils s'emparent momentanément de Bône sur la côte d'Afrique ; les Pisans de leur côté, entrent victorieusement, en 1062, dans le port de Palerme, dont ils détruisent l'arsenal. En 1087, les flottes des deux villes excitées par le pape Victor III attaquent Mehdia[9].

Toutes ces expéditions s'expliquent autant par l'enthousiasme religieux que par l'esprit d'entreprise. Bien différents des Vénitiens, les Génois et les Pisans se considèrent en face de l'Islam comme les soldats du Christ et de l'Église. Ils croient voir l'archange Gabriel et Saint Pierre les conduisant au combat contre les infidèles, et ce n'est qu'après avoir massacré les « prêtres de Mahomet » et mis au pillage la Mosquée de Mehdia qu'ils signent un avantageux traité de commerce. La cathédrale de Pise, construite après ce triomphe, symbolise admirablement et le mysticisme des vainqueurs et la richesse que la navigation commence à faire affluer vers eux. Des colonnes et des marbres précieux rapportés d'Afrique servirent à sa décoration. Il semble que l'on ait voulu attester par sa splendeur la revanche du christianisme sur ces Sarrasins dont l'opulence était un objet de scandale et d'envie. C'est du moins le sentiment qu'exprime un fougueux poème contemporain[10].

> Unde tua in aeternum splendebit ecclesia
> Auro, gemmis, margaritis et palliis splendida.

Ainsi, devant la contre-attaque chrétienne, l'Islam recule peu à peu. Le déclenchement de la première croisade (1096) marque son recul définitif. Dès 1097, une flotte génoise cinglait vers Antioche apportant aux croisés des renforts et des vivres. Deux ans plus tard, Pise envoyait des vaisseaux « sur l'ordre du pape » pour délivrer Jérusalem. Désormais la Méditerranée tout entière s'ouvre ou plutôt se rouvre à la navigation occidentale. Comme à l'époque romaine, l'intercourse se rétablit d'un bout à l'autre de cette mer essentiellement européenne.

L'emprise de l'Islam sur elle a pris fin. Sans doute, les résultats politiques et religieux de la Croisade ont été éphémères. Le royaume de Jérusalem et les principautés d'Édesse et d'Antioche ont été reconquis par les Musulmans au xiie siècle. Mais la mer est restée au pouvoir des chrétiens. C'est eux qui, maintenant, y exercent la maîtrise économique. De plus en plus, toute la navigation leur appartient dans les « échelles du Levant ». Leurs établissements commerciaux se multiplient avec une surprenante rapidité dans les ports de Syrie, dans ceux de l'Égypte et des îles de la Mer Ionienne. Par la conquête de la Sardaigne (1022), de la Corse (1091), de la Sicile (1058-1090) ils enlèvent aux Sarrasins les bases d'opération qui, depuis le ixe siècle, leur avaient permis de maintenir l'Occident en état de blocus. Les Génois et les Pisans ont la route libre pour cingler vers ces rivages orientaux où se déversent les produits arrivés du fond de l'Asie soit par les caravanes, soit par la navigation de la Mer Rouge et du Golfe Persique, et pour fréquenter à leur tour le grand port de Byzance. La prise d'Amalfi par les Normands (1073), en mettant fin au commerce de cette ville, les a débarrassés de sa concurrence.

Mais leurs progrès suscitent aussitôt la jalousie de Venise. Elle ne peut souffrir de partager avec ces nouveaux venus un trafic dont elle prétend conserver le monopole. Elle a beau professer la même foi, appartenir au même peuple et parler la même langue, elle ne voit plus en eux que des ennemis dès qu'ils sont devenus des concurrents. Au printemps de l'année 1100, une escadre vénitienne embossée devant Rhodes guette le retour de la flotte que Pise a envoyée à Jérusalem, tombe sur elle à l'improviste et coule impitoyablement bon nombre de ses vaisseaux[11]. Ainsi débute entre les villes maritimes un conflit qui durera aussi longtemps que leur prospérité. La Méditerranée ne retrouvera plus cette paix romaine que l'Empire des Césars lui avait jadis imposée. La divergence des intérêts y entretiendra désormais une hostilité tantôt sourde et tantôt déclarée entre les rivaux qui se la disputent.

En se développant, le commerce maritime devait naturellement se généraliser. À partir du commencement du xiie siècle, il gagne les rivages de France et d'Espagne. Le vieux port de Marseille se ranime après le long engourdissement où il est tombé à la fin de la période mérovingienne. En Catalogne, Barcelone profite à son tour de l'ouverture de la mer. Pourtant, l'Italie conserve incontestablement la primauté dans cette première renaissance économique. La Lombardie, où conflue à l'Est par Venise, à l'Ouest par Pise et Gênes tout le mouvement commercial de la Méditerranée, s'épanouit avec une vigueur extraordinaire. Dans cette admirable plaine, les villes croissent avec la même vigueur que les moissons. La fertilité du sol leur permet une expansion illimitée en même temps que la facilité des débouchés y favorise tout à la fois l'importation des matières premières et l'exportation des produits fabriqués. Le commerce y suscite l'industrie et dans la même mesure où il se développe Bergame, Crémone, Lodi, Vérone, toutes les anciennes « Cités », tous les anciens « Municipes » romains reprennent une vie nouvelle et bien plus exubérante que celle qui les animait dans l'Antiquité. Bientôt, leur activité surabondante cherche à se répandre au dehors. Au Sud, elle gagne la Toscane ; au Nord, elle se fraye des voies nouvelles à travers les Alpes. Par les passes du Splügen, du Saint-Bernard et du Brenner, elle apporte au continent européen cette excitation bienfaisante qui lui est venue de la mer[12]. Elle suit les routes naturelles que marque le cours des fleuves, à l'Est le Danube, au Nord le Rhin, à l'ouest le Rhône. Dès 1074, des marchands Italiens, incontestablement des Lombards, sont mentionnés à Paris[13] ; et dès le commencement du xiie siècle, les foires de Flandre attiraient déjà un nombre considérable de leurs compatriotes[14].

Rien de plus naturel que cette apparition des hommes du Midi sur la côte flamande. Elle est une conséquence de l'attraction que le commerce exerce spontanément sur le commerce. Nous avons déjà constaté que, durant l'époque carolingienne, les Pays-Bas avaient manifesté une vitalité commerciale que l'on ne rencontrait alors nulle part ailleurs. Elle s'explique aisément par le grand nombre des fleuves qui les parcourent et qui viennent y unir leurs eaux avant de se jeter dans la mer : le Rhin, la Meuse et l'Escaut. L'Angleterre et les régions scandinaves étaient trop peu éloignées de ce pays de larges et profonds estuaires pour que leurs marins ne l'aient point fréquenté de très bonne heure. C'est à eux, on l'a vu plus haut, que les ports de Duurstede et de Quentovic durent leur importance. Mais cette importance fut éphémère. Elle ne put survivre à l'époque des invasions normandes. Plus facile était l'accès de la contrée, plus elle attirait les envahisseurs et plus elle eut à souffrir de leurs dévastations. La situation géographique qui à Venise avait sauvegardé la prospérité Commerciale devait naturellement ici contribuer à son anéantissement.

Les invasions normandes n'avaient été que la première manifestation du besoin d'expansion ressenti par les peuples scandinaves. Leur énergie débordante les avait jetés à la fois vers l'Europe Occidentale et vers la Russie en aventuriers pillards et conquérants. Ce n'étaient point de simples pirates. Ils aspiraient, comme l'avaient fait jadis les Germains à l'égard de l'Empire Romain, à s'installer dans des régions plus riches et plus fertiles que n'était leur patrie et à s'y créer des établissements pour la population surabondante que celle-ci ne pouvait plus nourrir. Ils réussirent finalement dans cette entreprise. À l'Est, les Suédois prirent pied le long des voies naturelles qui, par la Neva, le lac Ladoga, la Lowat, le Wolchow, la Dwina et le Dnieper conduisent de la Mer Baltique à la Mer Noire. À l'Ouest, les Danois et les Norvégiens colonisèrent les royaumes anglo-saxons au Nord du Humber et se firent céder en France par Charles le Simple, sur les côtes de la Manche, le pays qui, depuis lors, a pris le nom de Normandie.

Ces succès eurent pour résultat d'orienter dans un sens nouveau l'activité des Scandinaves. Dans le courant du xe siècle, ils se détournent de la guerre pour s'adonner au commerce[15]. Leurs bateaux sillonnent toutes les mers du Nord et ils n'ont point à y craindre de rivaux puisque seuls parmi les peuples dont elles baignent les côtes, ils sont navigateurs. Il suffit de parcourir les savoureux récits des Sagas pour se faire une idée de la hardiesse et de l'intelligence des marins barbares dont elles racontent les aventures et les exploits. Chaque printemps, dès que la mer est libre, ils prennent le large. On les rencontre en Islande, en Irlande, en Angleterre, en Flandre, aux embouchures de l'Elbe, du Weser, de la Vistule, dans les îles de la Mer Baltique, au fond du Golfe de Botnie et du Golfe de Finlande. Ils ont des établissements à Dublin, à Hambourg, à Schwerin, dans l'île de Gotland. Grâce a eux, le courant commercial qui, parti de Byzance et de Bagdad, traverse la Russie en passant par Kief et Novgorod se prolonge jusqu'aux rivages de la Mer du Nord et y fait sentir sa bienfaisante influence. Il n'est guère dans l'histoire de phénomène plus curieux que cette action exercée sur l'Europe septentrionale par les civilisations supérieures de l'Empire Grec et de l'Empire Arabe, et dont les Scandinaves ont été les intermédiaires. À cet égard, leur rôle, en dépit des différences de climat, de milieu et de culture, apparaît tout à fait analogue à celui que Venise a joué au Sud de l'Europe. Comme elle, ils ont rétabli le contact entre l'Orient et l'Occident. Et de même que le commerce vénitien n'a pas tardé à entraîner dans son mouvement la Lombardie, de même la navigation scandinave a suscité l'éveil économique de la côte de Flandre.

La situation géographique de la Flandre la disposait merveilleusement, en effet, à devenir l'étape occidentale du commerce des mers du Nord. Elle forme le terme naturel de la course des bateaux qui arrivent de l'Angleterre ou qui, ayant franchi le Sund au sortir de la Baltique, se dirigent vers le Midi. Déjà, nous l'avons dit, les ports de Quentovic et de Duurstede avaient été fréquentés par les Normands avant l'époque de leurs invasions. Ils disparurent l'un et l'autre durant la tourmente. Quentovic ne se releva pas de ses ruines et ce fut Bruges, dont l'emplacement au fond du golfe du Zwin était préférable, qui recueillit sa succession. Quant à Duurstede, les marins scandinaves y reparurent dès le commencement du xe siècle. Toutefois, sa prospérité se ne maintint pas très longtemps. À mesure que le commerce grandit, il se concentra de plus en plus vers Bruges, plus rapproché de la France et où les comtes de Flandre maintenaient une sécurité dont ne jouissait pas la région de Duurstede. Quoi qu'il en soit, d'ailleurs, il est certain que Bruges attira de plus en plus vers son port le commerce septentrional et que la disparition de Duurstede, dans le courant du xie siècle, assura définitivement son avenir. Le fait que des monnaies des comtes de Flandre Arnould II et Baudouin IV (965-1035) ont été découvertes en nombre considérable en Danemark, en Prusse, et jusqu'en Russie, atteste, faute de renseignements littéraires, les relations que la Flandre entretenait dès lors avec ces pays par les marins scandinaves[16]. Les rapports avec la côte anglaise qui leur fait face devaient être plus actifs encore. Nous savons que c'est à Bruges que se réfugia vers 1030 la reine anglo-saxonne Emma. Dès 991-1002, le tarif du tonlieu de Londres mentionne les Flamands au premier rang des étrangers qui négocient dans la ville[17].

Il faut signaler parmi les causes de l'importance commerciale qui caractérisa la Flandre de si bonne heure, l'existence dans ce pays d'une industrie indigène propre à fournir aux vaisseaux qui y abordaient, un précieux fret de retour. Dès l'époque romaine et probablement déjà avant celle-ci, les Morins et les Ménapiens confectionnaient des étoffes de laine. Cette industrie primitive dut se perfectionner sous l'influence des progrès techniques introduits par la conquête romaine. La finesse particulière de la toison des moutons élevés dans les prairies humides de la côte, acheva d'assurer son succès. On sait que les saies (*sagae*) et les manteaux (*birri*) qu'elle produisait étaient exportés jusqu'au delà des Alpes, et qu'il y eut à Tournai, à la fin de l'Empire, une fabrique d'habillements militaires. L'invasion germanique ne mit pas fin à cette industrie. Les Francs qui envahirent la Flandre au ve siècle, continuèrent à la pratiquer comme l'avaient fait avant eux les anciens habitants. Il n'est pas douteux que les tissus frisons dont parle l'historiographie du ixe siècle, n'aient été fabriqués en Flandre[18]. Ils apparaissent comme les seuls produits manufacturés faisant, à l'époque carolingienne, l'objet d'un certain commerce. Les Frisons les transportaient le long de l'Escaut, de la Meuse et du Rhin, et lorsque Charlemagne voulut répondre par des présents aux politesses du khalife Haroun-al-Raschid, il ne trouva rien de mieux à lui offrir que des *pallia fresonica*. On doit admettre que ces étoffes, aussi remarquables par leurs belles couleurs que par leur moelleux, durent attirer tout de suite l'attention des navigateurs scandinaves du xe siècle. Nulle part, dans le Nord de l'Europe, on ne rencontrait de produits plus précieux et elles prirent certainement place, à côté des fourrures du Nord et des tissus de soie arabes et byzantins, parmi les objets d'exportation les plus recherchés. Selon toute apparence, les draps qui sont signalés au marché de Londres vers l'an mil, étaient des draps de Flandre. Et les débouchés nouveaux que leur offrait maintenant la navigation ne purent manquer de donner à leur fabrication un nouvel essor.

Ainsi, le commerce et l'industrie, celle-ci pratiquée sur place, celui-là venant du dehors, s'unirent pour donner à la région flamande, dès le xe siècle, une activité économique qui ne devait plus cesser de se développer. Au xie siècle, les progrès réalisés sont déjà surprenants. La Flandre trafique dès lors avec le Nord de la France dont elle échange les vins contre ses draps. La conquête de l'Angleterre par Guillaume de Normandie, rattachant au continent ce pays qui avait gravité jusqu'alors dans l'orbite du Danemark, multiplia les rapports que Bruges entretenait déjà avec Londres. À côté de Bruges, d'autres places marchandes apparaissent, Gand, Ypres, Lille, Douai, Arras, Tournai. Des foires sont établies par les comtes à Thourout, à Messines, à Lille et à Ypres.

La Flandre d'ailleurs n'a pas été seule à éprouver les effets salutaires de la navigation du Nord. La répercussion s'en fait sentir le long de tous les fleuves qui aboutissent dans les Pays-Bas. Cambrai et Valenciennes sur l'Escaut, Liége, Huy, Dinant sur la Meuse sont déjà mentionnés au xie siècle comme des centres de commerce. Il en est de même sur le Rhin de Cologne et de Mayence. Les côtes de la Manche et de l'Atlantique, plus éloignées du foyer d'activité de la Mer du Nord, ne présentent pas la même importance. On ne voit guère à y mentionner que Rouen, naturellement en rapports avec l'Angleterre, et plus au Sud, Bordeaux ainsi que Bayonne dont le développement est plus tardif. Quant à l'intérieur de la France et de l'Allemagne, ils ne s'ébranlent que très lentement sous la pénétration économique qui peu à peu s'y propage, soit en montant de l'Italie, soit en descendant des Pays-Bas.

C'est au xiie siècle seulement que celle-ci, gagnant de proche en proche, transforme définitivement l'Europe Occidentale. Elle l'affranchit de l'immobilité traditionnelle à quoi la condamnait une organisation sociale dépendant uniquement des rapports de l'homme avec la terre. Le commerce et l'industrie ne se font pas seulement place à côté de l'agriculture, ils réagissent sur elle. Ses produits ne servent plus uniquement à la consommation des propriétaires et des travailleurs du sol : ils sont entraînés dans la circulation générale, comme objets d'échange ou matières premières. Les cadres du système domanial qui avaient jusqu'alors enserré l'activité économique se brisent, et la société tout entière s'empreint d'un caractère plus souple, plus actif et plus varié. De nouveau comme dans l'Antiquité, la campagne s'oriente vers les villes. Sous l'influence du commerce, les anciennes cités romaines se raniment et se repeuplent, des agglomérations marchandes se groupent au pied des bourgs, s'établissent le long des côtes maritimes, au bord des fleuves, au confluent des rivières, aux points de jonction des voies naturelles de communication. Chacune d'elle constitue un marché dont l'attraction, proportionnelle à son importance, s'exerce sur le pays environnant ou se fait sentir au loin. Grandes ou petites on en rencontre partout ; il s'en trouve une en moyenne par cinq lieues carrées de terrain. C'est qu'elles sont devenues, en effet, indispensables à la société. Elles y ont introduit une division du travail dont elle ne pourrait plus se passer. Entre elles et la campagne s'établit un échange réciproque de services. Une solidarité de plus en plus étroite les relie, la campagne subvenant au ravitaillement des villes et les villes la fournissant en retour de denrées commerciales et d'objets fabriqués. La vie physique du bourgeois dépend du paysan, mais la vie sociale du paysan dépend du bourgeois. Car le bourgeois lui révèle un genre d'existence plus confortable, plus raffiné et qui, en excitant ses désirs, multiplie ses besoins et relève son *standard of life*. Et ce n'est pas seulement en cela que l'apparition des villes a puissamment suscité le progrès social. Elle n'y a pas moins contribué en répandant à travers le monde une nouvelle conception du travail. Avant elle, il était servile, avec elle il devient libre, et les conséquences de ce fait, sur lequel nous aurons à revenir, ont été incalculables. Ajoutons enfin que la renaissance économique dont le xiie siècle a vu l'épanouissement a révélé la puissance du capital, et nous en aurons dit assez pour montrer que peu d'époques ont exercé une répercussion plus profonde sur la société.

Vivifiée, transformée et lancée dans la voie du progrès, l'Europe nouvelle ressemble en somme davantage à l'Europe antique qu'à l'Europe carolingienne. Car de la première elle a recouvré ce caractère essentiel d'être une région de villes. On pourrait même affirmer que si, dans l'organisation politique, le rôle des villes a été plus grand dans l'Antiquité qu'au Moyen Âge, en revanche leur influence économique a dépassé de beaucoup dans celui-ci, ce qu'elle avait été dans celle-là. À tout prendre, les grandes cités marchandes ont été relativement rares dans les provinces occidentales de l'Empire Romain. On n'y voit guère à citer comme telles que Naples, Milan, Marseille et Lyon. Rien de semblable n'y existe qui soit comparable à des ports comme ceux de Venise, de Pise, de Gênes ou de Bruges, ou à des centres d'industrie tels que Milan, Florence, Ypres et Gand. En Gaule il semble bien que l'importance prise au xiie siècle par d'anciennes cités telles qu'Orléans, Bordeaux, Cologne, Nantes, Rouen, etc. ait dépassé de beaucoup celle qu'elles avaient présentée sous les Césars. Enfin le développement économique de l'Europe médiévale franchit les limites qu'il avait atteintes dans l'Europe romaine. Au lieu de s'arrêter le long du Rhin et du Danube, il déborde largement dans la Germanie et s'étend jusqu'à la Vistule. Des régions qui n'étaient parcourues au commencement de l'ère chrétienne que par de rares marchands d'ambre et de fourrures et qui paraissaient aussi inhospitalières que le centre de l'Afrique paraissait à nos pères, sont maintenant couvertes d'une floraison de villes. Le Sund, qu'aucun bâtiment de commerce romain n'avait jamais franchi, est animé du passage continuel des bateaux. On navigue sur la Baltique et sur la Mer du Nord comme sur la Méditerranée. Il y a presque autant de ports sur les rives de l'une et de l'autre. Des deux côtés, le commerce utilise les ressources que la nature a mises à sa disposition. Il domine les deux mers intérieures qui enserrent entre elles les côtes si admirablement découpées du continent européen. De même que les villes italiennes ont refoulé les Musulmans de la Méditerranée, de même, dans le courant du xiie siècle, les villes allemandes refoulent les Scandinaves de la Mer du Nord et de la Baltique, sur lesquelles se déploie la navigation de la hanse teutonique.

Ainsi, l'expansion commerciale qui a débuté par les deux points grâce auxquels l'Europe se trouvait en contact par Venise et par la Flandre avec le monde oriental, s'est répandue comme une bienfaisante épidémie à travers tout le continent[19]. En se propageant vers l'intérieur, le mouvement venu du Nord et le mouvement venu du Sud ont fini par se rencontrer. Le contact entre eux s'est effectué à mi-chemin de la voie naturelle qui court de Bruges à Venise, dans la plaine champenoise, où, dès le xiie siècle, s'établissent les foires fameuses de Troyes, de Lagny, de Provins et de Bar-sur-Aube, qui, jusqu'à la fin du xiiie siècle, jouèrent, dans l'Europe médiévale, le rôle de bourse et de *clearing house*.

---

1. Sur l'augmentation de la population au xie siècle voy. Lambert de Hersfeld, *Annales*, p. 121, éd. O. Holder-Egger (Hanovre, 1894) ; Suger, *Recueil des Historiens de France*, t. XII, p. 54 ; Herman de Tournai, *Mon. Germ. Hist. Script.*, t. XIV, p. 344.
2. H. Pirenne, *Histoire de Belgique*, t. I, 4e éd., p. 148, 300.
3. L. M. Hartmann, *Die wirtschaftlichen Anfänge Venedigs. Vierteljahrschrift für Social und Wirtschaftsgeschichte*, t. II (1904).
4. A. Andréadès, *De la population de Constantinople sous les empereurs byzantins* (Rovigo, 1920). Une histoire économique de Constantinople manque encore. Faute de mieux, on peut consulter L. Brentano, *Die Byzantinische Volkswirtschaft* (Leipzig, 1917).
5. R. Heynen, *Zur Entstehung des Kapitalismus in Venedig*, p. 15 (Stuttgart, 1905).
6. R. Heynen, *op. cit.*, p. 23
7. A. Schaube, *Handelsgeschichte der Romanischen Völker*, p. 61 (Munich, 1906).
8. Heyd, *Histoire du commerce du Levant*, t. I, p. 98.
9. Heyd, *op. cit.*, p. 121 ; A. Schaube, *op. cit.*, p. 49.
10. É. Du Méril, *Poésies populaires latines du Moyen Âge*, p. 251 (paris, 1847).
11. A. Schaube, *op. cit.*, p. 125.

12. A. Schulte, *Geschichte der Handelsbeziehungen zwischen Westdeutschland und Italien*, t. I, p. 80.
13. A. Schaube, *op. cit.*, p. 90.
14. Galbert de Bruges, *Histoire du meurtre de Charles le Bon*, éd. H. Pirenne, p. 28 (Paris, 1891).
15. W. Vogel, *Zur Nord- und Westeuropäischen Seeschifffahrt im früheren Mittelalter* (*Hansische Geschichtsblätter*, t. XIII [1907], 170) ; A. Bugge, *Die Nordeuropäischen Verkehrswege im frühen Mittelalter* (*Vierteljahrschrift für Social und Wirtschaftsgeschichte*, t. IV [1906], p. 427).
16. Engel et Serrure, *Manuel de Numismatique du Moyen Âge*, t. II, p. 505.
17. Lieberman, *Gesetze der Angelsachsen*, t. I, p. 233.
18. H. Pirenne. *Draps de Frise ou draps de Flandre ?* (*Vierteljahrschrift für Social und Wirtschaftsgeschichte*, t. VII [1909], p. 308).
19. À partir du xiie siècle, l'invasion des Petchénègues ayant anéanti les villes commerciales du Sud de la Russie et fermé la voie qui reliait la Nier Noire à la Mer Baltique, ce n'est plus que par la navigation italienne que se sont conservés les rapports de l'Europe Septentrionale avec l'Orient. La situation qui s'établit dès lors, et qui est en partie un retour à celle qui avait existé sous l'Empire Romain, a eu des conséquences économiques de la plus grande portée, mais dont on n'a pas à s'occuper ici, puisqu'elles sont postérieures à l'époque de la formation des villes.

5
LES MARCHANDS

Faute de renseignements, il est impossible, comme il arrive presque toujours pour les questions d'origine, d'exposer avec une précision suffisante, la formation de la classe marchande qui a suscité et répandu à travers l'Europe occidentale le mouvement commercial dont on vient d'esquisser les débuts.

Dans certaines contrées, le commerce apparaît comme un phénomène primitif et spontané. Il en fut ainsi par exemple, dès l'aurore de l'histoire, en Grèce et en Scandinavie. La navigation y est au moins aussi ancienne que l'agriculture. Tout engageait les hommes à s'y adonner : la profonde découpure des côtes, l'abondance des havres, l'attirance des îles ou des rivages qui se profilaient à l'horizon et qui excitait d'autant plus à se risquer sur la mer que le sol natal était plus stérile. La proximité de civilisations plus anciennes et mal défendues promettait par surcroît de fructueux pillages. La piraterie fut l'initiatrice du trafic maritime. Chez les navigateurs grecs de l'époque homérique comme chez les Vikings normands, ils se développèrent pendant longtemps de concert.

Rien de tel, faut-il le dire, ne se rencontre au Moyen Âge. On n'y découvre aucune trace de ce commerce héroïque et barbare. Les Germains qui envahirent les provinces romaines au ve siècle étaient complètement étrangers à la vie maritime. Ils se contentèrent de s'approprier le sol, et la navigation méditerranéenne continua comme par le passé à s'acquitter du rôle qui lui avait été dévolu sous l'Empire.

L'invasion musulmane qui causa sa ruine et ferma la mer, ne provoqua aucune réaction. On accepta le fait accompli, et le continent européen privé de ses débouchés traditionnels, se confina pour longtemps dans une civilisation essentiellement rurale. Le trafic sporadique que des Juifs, des colporteurs et des marchands occasionnels pratiquèrent pendant l'époque carolingienne était trop faible et fut d'ailleurs trop complètement anéanti par les incursions des Normands et des Sarrasins pour que l'on soit tenté d'en faire le précurseur de la renaissance commerciale dont on surprend au xe siècle les premiers symptômes.

Peut-on admettre, comme il semblerait naturel de le supposer à première vue, qu'une classe marchande se soit formée peu à peu au sein des masses agricoles ? Rien ne permet de le croire. Dans l'organisation sociale du haut Moyen Âge, où chaque famille est attachée de père en fils à la terre, on ne voit point ce qui aurait pu pousser les hommes à échanger contre une existence assurée par la possession du sol, l'existence aléatoire et précaire du commerçant. L'amour du gain et le désir d'améliorer sa condition devaient être au surplus singulièrement peu répandus dans une population accoutumée à un genre de vie traditionnel, n'ayant aucun contact avec le dehors, qu'aucune nouveauté, qu'aucune curiosité ne sollicitaient et à laquelle l'esprit d'initiative faisait sans doute complètement défaut. La fréquentation des petits marchés établis dans les cités et dans les bourgs ne procurait aux paysans que des bénéfices trop minimes pour leur inspirer le désir ou leur faire même entrevoir la possibilité d'un genre de vie fondé sur l'échange. L'idée de vendre sa terre pour se procurer de l'argent liquide n'est certainement venue à aucun d'entre eux. L'état de la société et des mœurs s'y opposait invinciblement. Au surplus, on ne possède pas la moindre preuve que personne ait jamais songé à une opération aussi bizarre et aussi hasardeuse.

Certains historiens ont cherché à donner comme ancêtres aux marchands du Moyen Âge ces serviteurs que les grandes abbayes chargeaient de se procurer au dehors les denrées indispensables à leur subsistance et parfois aussi, sans doute, d'écouler dans les marchés voisins, l'excédent de leurs récoltes ou de leurs vendanges. Cette hypothèse, pour ingénieuse qu'elle soit, ne résiste pas à l'examen. Tout d'abord, les « marchands d'abbayes » étaient trop peu nombreux pour exercer une influence de quelque portée. De plus, ce n'étaient pas des négociants autonomes, mais des employés attachés exclusivement au service de leurs maîtres. On ne voit pas qu'ils aient pratiqué le commerce pour leur propre compte. On n'a pas réussi et l'on ne réussira certainement jamais, à établir entre eux et la classe marchande dont nous recherchons ici les origines, un lien de filiation.

Tout ce que l'on peut affirmer avec certitude c'est que la profession commerciale apparaît à Venise dès une époque où rien encore ne fait prévoir son expansion dans l'Europe occidentale. Cassiodore, au vi[e] siècle, décrit déjà les Vénitiens comme un peuple de marins et de marchands. Au ixe siècle, nous savons avec certitude que de très grandes fortunes s'étaient édifiées dans la ville. Les traités de commerce qu'elle conclut dès lors avec les empereurs carolingiens ou avec ceux de Byzance ne peuvent, au surplus, laisser aucun doute sur le genre de vie de ses habitants. On ne possède par malheur aucune donnée sur la manière dont ils accumulèrent leurs capitaux et pratiquèrent leur négoce. Il est infiniment probable que le sel, préparé dans les îlots de la lagune, fut de très bonne heure l'objet d'une exportation lucrative. Le cabotage le long des côtes de l'Adriatique et surtout les relations de la ville avec Constantinople fournirent des bénéfices plus abondants encore. On est frappé de voir combien l'exercice du négoce vénitien est déjà perfectionné dès le xe siècle[1]. À une époque où dans tout le reste de l'Europe, l'instruction est le monopole exclusif du clergé, la pratique de l'écriture est largement répandue à Venise, et il est impossible de ne point mettre ce curieux phénomène en rapports avec le développement commercial.

On peut supposer encore avec une grande vraisemblance que le crédit a contribué de très bonne heure à le faire parvenir au point qu'il a atteint. Sans doute, nos renseignements à cet égard ne sont pas plus anciens que le commencement du xie siècle. Mais la coutume du prêt maritime paraît déjà tellement développée à cette époque, qu'il est nécessaire d'en faire remonter l'origine à une date plus avancée.

Le marchand vénitien emprunte à un capitaliste, moyennant un intérêt qui se monte en général à 20 %, les sommes nécessaires à la constitution d'une cargaison. Un navire est frété par plusieurs marchands agissant en commun. Les dangers de la navigation ont pour conséquence que les expéditions maritimes se font par flottilles renfermant plusieurs navires, pourvus de nombreux équipages soigneusement armés[2]. Tout indique que les bénéfices sont extrêmement abondants. Si, à cet égard, les documents vénitiens ne nous offrent guère de précisions, nous pouvons suppléer à leur silence grâce aux sources génoises. Au xiie siècle, le prêt maritime, l'équipement des bateaux, les formes du négoce sont les mêmes de part et d'autre[3]. Ce que nous savons des énormes bénéfices réalisés par les marins génois, doit donc être vrai également de leurs précurseurs de Venise. Et nous en savons assez pour pouvoir affirmer que le commerce et le commerce seul a pu, d'un côté comme de l'autre, donner d'abondants capitaux à ceux dont la chance a favorisé l'énergie et l'intelligence[4].

Mais le secret de la fortune si rapide et si hâtive des marchands vénitiens se trouve incontestablement dans l'étroite parenté qui relie leur organisation commerciale à celle de Byzance et par Byzance à l'organisation commerciale de l'Antiquité. En réalité Venise n'appartient à l'Occident que par sa situation géographique ; par la vie que l'on y mène et par l'esprit qui l'inspire, elle lui est étrangère. Les premiers colons des lagunes, fuyards d'Aquilée et des cités voisines, y ont apporté la technique et l'outillage économiques du monde romain. Les rapports constants et de plus en plus actifs qui, depuis lors, n'ont cessé de rattacher la ville à l'Italie byzantine et à Constantinople, y ont sauvegardé et développé ce précieux dépôt. En somme, entre Venise et l'Orient où se conserve la tradition millénaire de la civilisation, le contact n'a jamais été perdu. On peut considérer les navigateurs vénitiens comme les continuateurs de ces navigateurs syriens que nous avons vu fréquenter si activement, jusqu'aux jours de l'invasion musulmane, le port de Marseille et la Mer Tyrrhénienne. Ils n'ont pas eu besoin d'un long et pénible apprentissage pour s'initier au grand commerce. La tradition n'en avait jamais été perdue chez eux et cela suffit à expliquer la place singulière qu'ils occupent dans l'histoire économique de l'Europe occidentale. Il est impossible de ne point admettre que le droit et les usages commerciaux de l'Antiquité ne soient la cause de la supériorité qu'ils y manifestent et de l'avance qu'ils y ont prise[5]. Des études de détail fourniront sans doute un jour la démonstration de ce que nous avançons ici. Il n'est pas douteux que l'influence byzantine, si frappante dans la constitution politique de Venise durant les premiers siècles, n'ait imprégné aussi sa constitution économique. Dans le reste de l'Europe, la profession commerciale s'est tardivement dégagée d'une civilisation où toute trace s'en était perdue depuis longtemps. À Venise, elle est contemporaine de la formation de la cité ; elle y est une survivance du monde romain.

Venise a certainement exercé une action profonde sur les autres villes maritimes qui, dans le courant du xie siècle, ont commencé à se développer : Pise et Gênes tout d'abord, plus tard Marseille et Barcelone. Mais elle ne semble pas avoir contribué à la formation de la classe marchande grâce à laquelle l'activité commerciale s'est peu à peu répandue des côtes de la mer dans l'intérieur du continent. On se trouve ici en présence d'un phénomène tout différent et que rien ne permet de rattacher à l'organisation économique de l'Antiquité. Sans doute, on rencontre de bonne heure des marchands vénitiens en Lombardie et au Nord des Alpes. Mais on ne voit pas qu'ils aient fondé nulle part de colonies. Les conditions du commerce terrestre sont d'ailleurs trop différentes de celles du commerce maritime pour que l'on puisse être tenté de leur attribuer une influence qu'aucun texte au surplus ne nous révèle.

C'est dans le courant du xe siècle que s'est reconstituée dans l'Europe continentale, une classe de marchands professionnels dont les progrès, très lents au début, s'accélèrent à mesure que l'on s'avance dans le siècle suivant[6]. L'augmentation de la population, qui commence à se manifester à la même époque, est certainement en rapport direct avec ce phénomène. Elle a eu pour résultat, en effet, de détacher du sol un nombre de plus en plus considérable d'individus et de les vouer à cette existence errante et hasardeuse qui, dans toutes les civilisations agricoles, est le lot de ceux qui ne trouvent plus à se caser sur la terre. Elle a multiplié la masse des vagabonds flottant à travers la société, vivant au jour le jour des aumônes des monastères, se louant au temps de la moisson, s'embauchant dans les armées en temps de guerre et ne reculant ni devant la rapine ni devant le pillage quand l'occasion s'en présentait. C'est parmi cette masse de déracinés et d'aventuriers qu'il faut chercher sans nul doute les premiers adeptes du commerce. Leur genre de vie les poussait naturellement vers les endroits où l'affluence des hommes permettait d'espérer quelque chance de gain ou quelque heureuse rencontre. S'ils fréquentaient assidûment les pèlerinages, ils n'étaient certainement pas moins attirés par les ports, par les marchés et par les foires. Ils s'y louaient comme matelots, comme haleurs de bateaux, comme débardeurs ou porte-faix. Les caractères énergiques, trempés par l'expérience d'une vie pleine d'imprévus, devaient abonder parmi eux. Beaucoup connaissaient des langues étrangères et étaient au courant des mœurs et des besoins de pays divers[7]. Qu'un hasard heureux se présentât, et l'on sait si les hasards sont nombreux dans l'existence d'un vagabond, ils étaient merveilleusement propres à en tirer profit. Un petit gain, avec de l'habileté et de l'intelligence, peut se transformer en un grand gain. Il devait en être ainsi à une époque surtout où l'insuffisance de la circulation et la rareté relative des marchandises offertes à la consommation devait naturellement maintenir les prix à un taux très élevé. Les famines, que cette circulation insuffisante multipliait à travers l'Europe, tantôt dans une province tantôt dans une autre, augmentaient encore les chances de s'enrichir pour qui savait les utiliser[8]. Il suffisait de quelques sacs de blés transportés à propos au bon endroit pour réaliser des bénéfices magnifiques. Pour un homme adroit et n'épargnant pas ses peines, la fortune réservait donc de fructueuses opérations. Et certainement du sein de la masse misérable de ces va-nu-pieds errant par le monde, des nouveaux riches ne tardèrent pas à émerger.

On possède par bonheur quelques renseignements propres à fournir la preuve qu'il en fut bien ainsi. Il suffira de citer le plus caractéristique d'entre eux, la biographie de Saint Godric de Finchale[9].

Il naquit vers la fin du xie siècle, dans le Lincolnshire, de pauvres paysans, et il dut s'ingénier dès l'enfance à trouver des moyens de vivre. Comme beaucoup d'autres miséreux de tous les temps, ce fut un batteur de grèves, à l'affût des épaves rejetées par les flots. Puis on le voit, peut-être à la suite de quelque heureuse trouvaille, s'improviser colporteur et parcourir le pays, chargé d'une pacotille. À la longue, il amasse quelques sous, et, un beau jour, il se joint à une troupe de marchands rencontrée au cours de ses pérégrinations. Il la suit de marché en marché, de foire en foire, de ville en ville. Devenu ainsi négociant de profession, il réalise rapidement des bénéfices assez considérables pour lui permettre de s'associer à des compagnons, de fréter un bateau en commun avec eux et d'entreprendre le cabotage le long des côtes de l'Angleterre et de l'Écosse, du Danemark et de la Flandre. La société prospère à souhait. Ses opérations consistent à transporter à l'étranger des denrées qu'elle sait y être rares et à y acquérir en retour des marchandises dont elle a soin de se défaire aux endroits où la demande en est la plus forte et où l'on peut réaliser, en conséquence, les gains les plus avantageux. Au bout de quelques années, cette prudente coutume d'acheter à bon marché et de vendre très cher a fait de Godric un homme puissamment riche. C'est alors que, touché de la grâce, il renonce subitement à la vie qu'il a menée jusqu'alors, abandonne ses biens aux pauvres et devient ermite.

L'histoire de Saint Godric, si l'on en supprime le dénouement mystique, a été celle de bien d'autres. Elle nous montre, avec une clarté parfaite, comment un homme parti de rien a pu, en un temps relativement court, amasser un capital considérable. Les circonstances et la chance ont dû sans doute concourir largement à sa fortune. Mais la cause essentielle de son succès, et le biographe contemporain auquel nous en devons le récit y insiste abondamment, c'est l'intelligence ou, pour mieux dire, le sens des affaires[10]. Godric nous apparaît comme un calculateur doué de cet instinct commercial qu'il n'est pas rare de rencontrer, à toutes les époques, chez les natures entreprenantes. La recherche du profit dirige toutes ses actions et l'on reconnaît clairement chez lui ce fameux « esprit capitaliste » (*spiritus capitalisticus*) dont on a voulu nous faire croire qu'il ne datait que de la Renaissance. Il est impossible de soutenir que Godric n'a pratiqué le négoce que pour subvenir à ses besoins journaliers. Au lieu d'entasser au fond d'un coffre l'argent qu'il a gagné, il ne s'en sert que pour alimenter et étendre son commerce. Je ne crains pas d'employer une expression trop moderne en disant que les bénéfices qu'il réalise sont employés au fur et à mesure à augmenter son capital roulant. Il est même surprenant d'observer que la conscience de ce futur moine est complètement dégagée de tous scrupules religieux. Son souci de rechercher pour chaque denrée le marché où elle produira le maximum de gain est en opposition flagrante avec la réprobation dont l'Église frappe tout espèce de spéculation et avec la doctrine économique du juste prix[11].

La fortune de Godric ne s'explique pas seulement par l'habileté commerciale. Dans une société encore aussi brutale que celle du xie siècle, l'initiative privée ne pouvait réussir qu'en recourant à l'association. Trop de périls guettaient l'existence errante du marchand pour ne point lui imposer tout d'abord la nécessité de se grouper afin de se défendre. D'autres motifs encore le poussaient à s'unir à des compagnons. Aux foires et aux marchés, surgissait-il une contestation, il trouvait parmi eux les témoins ou les cautions qui répondaient pour lui en justice. En commun avec eux il pouvait acheter en gros des marchandises que, réduit à ses propres ressources, il eût été incapable d'acquérir. Son crédit personnel s'augmentait du crédit de la collectivité dont il faisait partie, et, grâce à elle, il pouvait plus facilement tenir tête à la concurrence de ses rivaux. Le biographe de Godric nous apprend en propres termes que c'est du jour où son héros s'est associé à une troupe de marchands voyageurs que ses affaires ont pris leur essor. En agissant ainsi il n'a fait que se conformer à la coutume. Le commerce du haut Moyen Âge ne se conçoit que sous cette forme primitive dont la caravane est la manifestation caractéristique. Il n'est possible que grâce à l'assurance mutuelle qu'elle établit entre ses membres, à la discipline qu'elle leur impose, à la réglementation à laquelle elle les soumet. Qu'il soit question de commerce maritime ou de commerce sur terre, c'est toujours le même spectacle. Les bateaux ne naviguent que réunis en flottilles, comme les marchands ne parcourent le pays que par bandes. La sécurité n'existe pour eux que si elle est garantie par la force, et la force est la conséquence du groupement.

Ce serait une erreur complète que de voir dans les associations marchandes dont on peut relever les traces dès le xe siècle, un phénomène spécialement germanique. Il est vrai que les termes dont on s'est servi pour les désigner dans le Nord de l'Europe, *gildes* et *hanses*, sont originaires de l'Allemagne. Mais le fait du groupement se rencontre partout dans la vie économique et quelles que soient les différences de détail qu'il présente suivant les régions, dans ce qu'il a d'essentiel, il est partout le même, parce que partout existaient de même les conditions qui le rendirent indispensable. En Italie comme dans les Pays-Bas, le commerce n'a pu se répandre que par l'entraide. Les « frairies », les « charités », les « compagnies » marchandes des pays de langue romane sont exactement l'analogue des gildes et des hanses des régions germaniques[12]. Ce qui a dominé l'organisation économique ce ne sont point les « génies nationaux », ce sont les nécessités sociales. Les institutions primitives du commerce ont été aussi cosmopolites que celles de la féodalité.

Les sources nous permettent de nous faire une idée exacte des troupes marchandes qui, à partir du xe siècle, se rencontrent de plus en plus nombreuses dans l'Europe occidentale[13]. Il faut se les représenter comme des bandes armées, dont les membres pourvus d'arcs et d'épées encadrent des chevaux et des chariots chargés de sacs, de ballots et de tonneaux. En tête de la caravane marche un porte-fanion. Un chef, le Hansgraf ou le Doyen, exerce son autorité sur la compagnie. Celle-ci se compose de « frères » liés les uns aux autres par un serment de fidélité. Un esprit de solidarité étroite anime tout le groupe. Les marchandises sont, selon toute apparence, achetées et vendues en commun et les bénéfices répartis au pro-rata de l'apport de chacun dans l'association.

Il semble bien que ces compagnies aient, en règle générale, accompli des voyages fort lointains. On se tromperait du tout au tout en se représentant le commerce de cette époque comme un commerce local, étroitement borné à l'orbite d'un marché régional. Nous avons déjà constaté que des négociants italiens s'avancent jusqu'à Paris et jusqu'en Flandre. À la fin du xe siècle, le port de Londres est régulièrement fréquenté par les marchands de Cologne, de Huy, de Dinant, de Flandre et de Rouen. Un texte nous parle de Verdunois trafiquant avec l'Espagne[14]. Dans la vallée de la Seine, la Hanse parisienne des marchands de l'eau est en rapports constants avec Rouen. Le biographe de Godric, en nous racontant ses expéditions dans la Baltique et dans la Mer du Nord, nous apprend en même temps celles de ses compagnons.

C'est donc le grand commerce ou, si l'on préfère un terme plus précis, le commerce à longue distance qui a été la caractéristique de la renaissance économique du Moyen Âge. De même que la navigation de Venise et d'Amalfi et plus tard celle de Pise et de Gênes se lancent dès le début dans des traversées au long cours, de même les marchands du continent promènent leur vie vagabonde à travers de larges espaces. C'était là pour eux, le seul moyen de réaliser des bénéfices considérables. Pour obtenir de hauts prix, il était nécessaire d'aller chercher au loin les produits que l'on y trouvait en abondance, afin de pouvoir les revendre ensuite avec profit, aux lieux où leur rareté en augmentait la valeur. Plus était lointain le voyage du marchand, plus aussi il était profitable. Et l'on s'explique sans peine que l'appât du gain ait été assez puissant pour contre-balancer les fatigues, les risques et les dangers d'une existence errante et livrée à tous les hasards. Sauf pendant l'hiver, le marchand du Moyen Âge est continuellement en route. Des textes anglais du xiie siècle le désignent pittoresquement sous le nom de « pieds poudreux » (*pedes pulverosi*[15]).

Cet être errant, ce vagabond du commerce a dû dès l'abord étonner, par l'étrangeté de son genre de vie, la société agricole dont il heurtait toutes les habitudes et où aucune place ne lui était réservée. Il apportait la mobilité au milieu de gens attachés à la terre, il révélait à un monde fidèle à la tradition et respectueux d'une hiérarchie qui fixait le rôle et le rang de chaque classe, une activité calculatrice et rationaliste pour laquelle la fortune, au lieu de se mesurer à la condition de l'homme, ne dépendait que de son intelligence et de son énergie. Aussi ne peut-on pas être surpris s'il a fait scandale. La noblesse n'eut jamais que dédain pour ces parvenus sortis on ne sait d'où et dont elle ne pouvait supporter l'insolente fortune. Elle enrageait de les voir mieux fournis d'argent qu'elle même ; elle était humiliée de devoir recourir dans les moments de gêne, à la bourse de ces nouveaux riches. Sauf en Italie, où les familles aristocratiques n'hésitèrent pas à augmenter leur fortune en s'intéressant à titre de prêteur, aux opérations commerciales, le préjugé que c'est déchoir que de se livrer au négoce, demeura vivace au sein de la noblesse jusqu'à la fin de l'Ancien Régime.

Quant au clergé, son attitude à l'égard des marchands fut plus défavorable encore. Pour l'Église, la vie commerciale était dangereuse au salut de l'âme. Le marchand, dit un texte attribué à Saint Jérôme, ne peut que difficilement plaire à Dieu. Le commerce apparaissait aux canonistes comme une forme de l'usure. Ils condamnaient la recherche du profit, qu'ils confondaient avec l'avarice. Leur doctrine du juste prix prétendait imposer à la vie économique un renoncement et pour tout dire un ascétisme incompatible avec le développement naturel de celle-ci. Toute espèce de spéculation leur apparaissait comme un péché. Et cette sévérité n'a point uniquement pour cause la stricte interprétation de la morale chrétienne. Il semble bien qu'il faille l'attribuer aussi aux conditions d'existence de l'Église. Sa subsistance, en effet, dépendait exclusivement de cette organisation domaniale dont on a vu plus haut combien elle était étrangère à l'idée d'entreprise et de bénéfice. Si l'on ajoute à cela l'idéal de pauvreté que le mysticisme clunisien assignait à la ferveur religieuse, on comprendra sans peine l'attitude défiante et hostile par laquelle elle accueillit la renaissance commerciale, qui fut pour elle un objet de scandale et d'inquiétudes[16].

Il faut admettre d'ailleurs que cette attitude ne laissa point d'être bienfaisante. Elle eut certainement pour résultat d'empêcher la passion du gain de s'épancher sans limites ; elle protégea dans une certaine mesure les pauvres contre les riches, les débiteurs contre leurs créanciers. Le fléau des dettes, qui dans l'Antiquité grecque et l'Antiquité romaine s'abattit si lourdement sur le peuple, fut épargné à la société du Moyen Âge, et il est permis de croire que l'Église contribua beaucoup à cet heureux résultat. Le prestige universel dont elle jouissait agit comme un frein moral. S'il ne fut pas assez puissant pour soumettre les marchands à la théorie du juste prix, il le fut assez pour les empêcher de se livrer sans remords à l'esprit de lucre. Beaucoup certainement s'inquiétaient du péril auquel leur genre de vie exposait leur salut éternel. La crainte de la vie future tourmentait leur conscience. Sur leur lit de mort, nombreux étaient ceux qui par testament fondaient des établissements charitables ou affectaient une partie de leurs biens à rembourser des sommes injustement acquises. La fin édifiante de Godric témoigne du conflit qui a dû se livrer bien souvent dans leurs âmes entre les séductions irrésistibles de la richesse et les prescriptions austères de la morale religieuse que leur profession les obligeait de violer sans cesse tout en la vénérant[17].

La condition juridique des marchands acheva de leur faire, dans cette société qu'ils étonnaient à tant de titres, une place tout à fait singulière. Par suite même de la vie errante qu'ils menaient, ils apparaissaient partout en étrangers. Personne ne connaissait l'origine de ces éternels voyageurs. Certainement la plupart d'entre eux étaient nés de parents non libres qu'ils avaient quittés de bonne heure pour se lancer dans les aventures. Mais la servitude ne se préjuge pas : il faut qu'elle se démontre. Le droit traite nécessairement en homme libre celui auquel il ne peut assigner un maître. Il arriva donc qu'il fallut considérer les marchands, dont la plupart sans doute étaient fils de serfs, comme s'ils avaient toujours joui de la liberté. En se déracinant du sol natal, ils s'affranchirent en fait. Au milieu d'une organisation sociale où le peuple était attaché à la terre et où chacun relevait d'un seigneur, ils présentèrent le spectacle étrange de circuler partout sans pouvoir être réclamés par personne. Ils ne revendiquèrent point la liberté ; elle leur fut octroyée parce qu'il était impossible de prouver qu'ils n'en jouissaient pas. Ils l'acquirent, pour ainsi dire, par l'usage et par prescription. Bref, de même que la civilisation agraire avait fait du paysan un homme dont l'état normal était la servitude, le commerce fit du marchand un homme dont la condition normale fut la liberté. Dès lors, au lieu d'être soumis à la juridiction seigneuriale et domaniale, il ne releva que de la juridiction publique. Seuls furent compétents pour le juger les tribunaux qui maintenaient encore, par-dessus la multitude des cours privées, l'ancienne armature de la constitution judiciaire de l'État franc[18].

L'autorité publique le prit en même temps sous sa protection. Les princes territoriaux qui avaient à protéger dans leurs comtés la paix et l'ordre public, à qui appartenaient la police des routes et la sauvegarde des voyageurs, étendirent leur tutelle sur les marchands. En agissant ainsi, ils ne faisaient que continuer la tradition de l'État dont ils avaient usurpé les pouvoirs. Déjà, dans son Empire agricole, Charlemagne s'était préoccupé de maintenir la liberté de la circulation. Il avait édicté des mesures en faveur des pèlerins et des commerçants juifs ou chrétiens, et les capitulaires de ses successeurs attestent qu'ils restèrent fidèles à cette politique. Les empereurs de la Maison de Saxe n'agirent pas autrement en Allemagne et les rois de France, dès qu'ils en eurent le pouvoir, firent de même. Les princes avaient d'ailleurs tout intérêt à attirer les marchands vers leurs pays, où ils apportaient une activité nouvelle et augmentaient fructueusement les revenus du tonlieu. De très bonne heure, on voit les comtes prendre des mesures énergiques contre les pillards, veiller au bon ordre des foires et à la sûreté des voies de communication. Au xie siècle, de grands progrès ont été accomplis et les chroniqueurs constatent qu'il est des régions où l'on peut voyager avec un sac plein d'or sans risquer d'être dépouillé. De son côté, l'Église frappa d'excommunication les détrousseurs de grands chemins, et les paix de Dieu dont elle prend l'initiative à la fin du xe siècle protègent tout particulièrement les marchands.

Mais il ne suffit pas que les marchands soient placés sous la sauvegarde et la juridiction des pouvoirs publics. La nouveauté de leur profession exige encore que le droit fait pour une civilisation fondée sur l'agriculture, s'assouplisse et se prête aux nécessités primordiales qu'elle lui impose. La procédure judiciaire avec son formalisme rigide et traditionnel, avec ses lenteurs, avec des moyens de preuve aussi primitifs que le duel, avec l'abus qu'elle fait du serment absolutoire, avec ses « ordalies » qui remettent au hasard l'issue d'un procès, est pour les commerçants une gêne perpétuelle. Ils ont besoin d'un droit plus simple, plus expéditif et plus équitable. Aux foires et aux marchés il s'élabore entre eux une coutume marchande (*jus mercatorum*) dont on peut surprendre les premières traces au cours du xe siècle[19]. Il est fort probable que, de très bonne heure, elle s'est introduite dans la pratique judiciaire, tout au moins pour les procès entre marchands. Elle doit avoir constitué pour eux une sorte de droit personnel dont les juges n'avaient aucun motif de leur refuser le bénéfice[20]. Les textes qui y font allusion ne nous permettent pas malheureusement d'en connaître le contenu. C'était, à n'en pas douter, un ensemble d'usages nés de l'exercice du négoce et qui se répandirent de proche en proche au fur et à mesure que celui-ci prit plus d'extension. Les grandes foires où se rencontraient périodiquement des marchands de divers pays et dont on sait qu'elles étaient pourvues d'un tribunal spécial chargé de faire prompte justice, auront sans nul doute vu s'élaborer tout d'abord une sorte de jurisprudence commerciale, partout la même en son fond, malgré la différence des pays, des langues et des droits nationaux.

Le marchand apparaît ainsi, non seulement comme un homme libre mais encore comme un privilégié. De même que le clerc et que le noble il jouit d'un droit d'exception. Il échappe comme eux au pouvoir domanial et au pouvoir seigneurial qui continuent à s'appesantir sur les paysans.

---

1. R. Heynen, *Zur Entstehung des Kapitalismus in Venedig*, p. 81.
2. R. Heynen, *ibid.*, p. 65.
3. Eugène-H. Byrne, *Commercial contracts of the Genoese in the Syrian trade of the twelfth century* (*The quarterly Journal of Economics*, 1916, p. 128) ; *Genoese trade with Syria in the twelfth century* (*American Historical Review*, 1920, p. 191).
4. R. Heynen, *Zur Entslehung des Kapitalismus in Venedig*, p. 18 ; H. Sieveking, *Die Kapitalistische Entwicklung in den italienischen Staaten des Mittelalters* (*Vierteljahrschrift für Social und Wirtschaftsgeschichte*, 1909, p. 15).
5. Sur le caractère romain du droit vénitien, cf. L. Goldschmidt, *Handbuch des Handelsrechts*, t. I, p. 150, n. 26 (Stuttgart, 1891).
6. H. Pirenne, *Les périodes de l'histoire sociale du capitalisme* (*Bulletin de l'Académie Royale de Belgique, Classe des Lettres*, 1914, p. 258).
7. Le *Liber Miraculorum Sancte Fidis*, éd. A. Bouillet, p. 63, dit à propos d'un marchand : « et sicut negociatori diversas orbis partes discurrenti, erant ei terre marisque nota itinera ac vie publicae diverticula, semite, leges moresque gentium ac lingue ».
8. F. Curschmann, *Hungersnöte im Mittelalter* (Leipzig, 1900).
9. *Libellus de vita et miraculis S. Godrici, heremitae de Finchale, auctore Reginaldo monacho Dunelmensi*, éd. Stevenson (London, 1845). L'importance de ce texte pour l'histoire économique a été très bien mise en lumière par W. Vogel, *Ein Seefahrender Kaufmann um 1100* (*Hansische Geschichtsblätter*, t. XII [1912], p. 239).
10. « Sic itaque puerilibus annis simpliciter domi transactis, coepit adolescentior prudentiores vitae vias excolere et documenta secularis providentiae sollicite et exercitate perdiscere. *Unde non agriculturae delegit exercitia colere, sed potius, quae sagacioris animi sunt, rudimenta studuit arripiendo exercere.* Hinc est quod mercatoris aemulatus studium, coepit mercimonii frequentare negotium, et primitus in minoribus

quidem et rebus pretii inferioris, coepit lucrandi officia discere ; postmodum vero paulatim ad majoris pretii emolumenta adolescentiae suae ingenia promovere ». *Libellus de Vita S. Godrici*, p. 25.

11. « Qui comparat rem ut illam ipsam integram et immutatam dando lucretur, ille est mercator qui de templo Dei ejicitur ». Decretum I, dist. 88, c. 11. Pour le point de vue de l'Église en matière de commerce, voir F. Schaube, *Der Kampf gegen den Zinswucher, ungerechten Preis und unlauteren Handel im Mittelalter* (Freiburg im Breisgau, 1905).

12. On rencontre même une organisation semblable en Dalmatie. Voy. C. Jirecek, *Die Bedeutung von Raguza in der Handelsgeschichte des Mittelalters* (*Almanak der Akad. der Wissenschaften in Wien*, 1899, p. 382).

13. W. Stein, *Hansa* (*Hansische Geschichtsblätter*, t. XV [1909], p. 539) ; H. Pirenne, *La Hanse flamande de Londres* (*Bulletin de l'Académie Royale de Belgique. Classe des Lettres*, 1899, p. 80).

14. Pigeonneau, *Histoire du commerce de la France*, t. I, p. 104.

15. Ch. Gross, *The court of piepowder* (*The Quarterly Journal of Economics*, 1906, p. 231). Il y est question de l' « extraneus mercator vel aliquis transiens per regnum non habens certam mansionem infra vicecomitatum sed vagans, qui vocatur piepowdrous ».

16. La vie de Saint Guidon d'Anderlecht (*Acta Sanctorum*, Sept., t. IV, p. 42) parle de l'*ignobilis mercatura* et appelle un marchand qui conseilla au saint de s'y livrer *diaboli minister*.

17. Un exemple de la conversion d'un marchand tout à fait analogue à celui de Godric nous est fourni à la même époque par la *Vita Theogeri*. *Mon. Germ. Hist. Script.*, t. XII, p. 457. Voir aussi dans les *Gestes des évêques de Cambrai*, éd. Ch. De Smedt (Paris, 1880), l'histoire du marchand Werimbold qui, après avoir édifié une fortune considérable, renonce à ses biens et finit en ascète.

18. H. Pirenne, *L'origine des constitutions urbaines au Moyen Âge* (*Revue historique*, t. LVII [1895], p. 18).

19. H. Pirenne, *Ibid.*, p. 30 ; Goldchmidt, *Universalgeschichte des Handelsrecht*, p. 125. Les *Usatici* de Barcelone (1064) parlent d'un droit expéditif applicable aux étrangers. Nul doute que ces étrangers ne soient des marchands. Cf. Schaube, *op. cit.*, p. 103.

20. Alpert, *De diversitate temporum. Mon. Germ. Hist. Script.*, t. IV, p. 718, parle des marchands de Tiel « judicia non secundum legem sed secundum voluntatem decernentes ».

6

LA FORMATION DES VILLES
ET LA BOURGEOISIE

Dans aucune civilisation la vie urbaine ne s'est développée indépendamment du commerce et de l'industrie. La diversité des climats, des peuples ou des religions est aussi indifférente à ce fait que celle des époques. Il s'est imposé dans le passé aux villes de l'Égypte, de la Babylonie, de la Grèce, de l'Empire Romain ou de l'Empire Arabe comme il s'impose de nos jours à celles de l'Europe ou de l'Amérique, de l'Inde, du Japon ou de la Chine. Son universalité s'explique par la nécessité. Une agglomération urbaine, en effet, ne peut subsister que par l'importation des denrées alimentaires qu'elle tire du dehors. Mais à cette importation doit répondre d'autre part une exportation de produits fabriqués qui en constitue la contre-partie ou la contre-valeur. Il s'établit ainsi, entre la ville et son voisinage, une relation permanente de services. Le commerce et l'industrie sont indispensables au maintien de cette dépendance réciproque : sans l'importation qui assure le ravitaillement, sans l'exportation qui la compense par des objets d'échange, la ville périrait[1].

Cet état de choses comporte évidemment une infinité de nuances. Suivant les temps et suivant les lieux, l'activité commerciale et l'activité industrielle ont été plus ou moins prépondérantes parmi les populations urbaines. On sait suffisamment que dans l'Antiquité, une partie considérable des citadins se composait de propriétaires fonciers vivant soit du travail, soit du revenu des terres qu'ils possédaient à l'extérieur.

Mais il n'en reste pas moins qu'à mesure que les villes s'agrandirent, les artisans et les commerçants y devinrent de plus en plus nombreux. L'économie rurale plus ancienne que l'économie urbaine continua d'exister à côté de celle-ci ; elle ne l'empêcha point de se développer.

Les villes du Moyen Âge nous présentent un spectacle très différent. Le commerce et l'industrie les ont faites ce qu'elles ont été. Elles n'ont point cessé de croître sous leur influence. À aucune époque on n'observe un contraste aussi marqué que celui qui oppose leur organisation sociale et économique à l'organisation sociale et économique des campagnes. Jamais auparavant, il n'a existé, semble-t-il, une classe d'hommes aussi spécifiquement, aussi étroitement urbaine que le fut la bourgeoisie médiévale[2].

Que l'origine des villes du Moyen Âge se rattache directement, comme un effet à sa cause, à la renaissance commerciale dont on a parlé aux chapitres précédents, c'est ce dont il est impossible de douter. La preuve en résulte de la concordance frappante que l'on relève entre l'expansion du commerce et celle du mouvement urbain. L'Italie et les Pays-Bas où la première s'est manifestée tout d'abord, sont précisément les pays où la seconde a débuté et où elle s'est affirmée le plus rapidement et le plus vigoureusement. Il est facile de remarquer qu'au fur et à mesure des progrès du commerce les villes se multiplient. Elles apparaissent le long de toutes les routes naturelles par lesquelles il se répand. Elles naissent pour ainsi dire sous ses pas. On n'en rencontre tout d'abord qu'au bord des côtes et des rivières. Puis la pénétration commerciale s'amplifiant, il s'en fonde sur les chemins de traverse qui relient les uns aux autres ces premiers centres d'activité. L'exemple des Pays-Bas est tout à fait caractéristique à cet égard. Dès le xe siècle, les premières villes commencent à se fonder au bord de la mer ou sur les rives de la Meuse et de l'Escaut ; la région intermédiaire, le Brabant, n'en connaît pas encore. Il faut attendre le xiie siècle, pour les y voir apparaître le long de la route qui s'établit entre les deux grandes rivières. Et l'on pourrait faire partout des constatations analogues. Une carte de l'Europe où serait marquée l'importance relative des voies commerciales coïnciderait, à très peu de chose près, avec un relevé de l'importance relative des agglomérations urbaines.

Sans doute les villes médiévales présentent une variété extraordinaire. Chacune d'elles possède sa physionomie et son caractère propres. Elles diffèrent les unes des autres comme les hommes diffèrent entre eux. On peut cependant les répartir par familles, les grouper conformément à certains types généraux. Et ces types eux-mêmes se ressemblent par leurs traits essentiels. Il n'est donc pas irréalisable de décrire, comme on essayera de le faire ici, l'évolution de la vie urbaine dans l'Occident de l'Europe. Le tableau que l'on obtiendra ainsi présentera nécessairement quelque chose de trop schématique. Il ne conviendra exactement à aucun cas particulier. On n'y trouvera que les caractères communs, abstraction faite des caractères individuels. Les grandes lignes seules apparaîtront comme dans un paysage contemplé du haut d'une montagne.

Le sujet, d'ailleurs, est moins compliqué qu'il ne pourrait sembler à première vue. Il est inutile, en effet, dans un exposé de l'origine des villes européennes, de tenir compte de l'infinie complexité qu'elles présentent. La vie urbaine ne s'est développée tout d'abord que dans un nombre assez restreint de localités appartenant à l'Italie du Nord ainsi qu'aux Pays-Bas et aux régions voisines. C'en sera assez que de s'en tenir à ces villes primitives, négligeant les formations postérieures qui ne sont en somme, quel qu'en puisse être l'intérêt, que des phénomènes de répétition[3]. Encore accordera-t-on dans les pages suivantes, une place privilégiée aux Pays-Bas. C'est qu'en effet, ils fournissent à l'historien sur les premiers temps de l'évolution urbaine, des lumières plus abondantes qu'aucune autre région de l'Europe occidentale.

L'organisation commerciale du Moyen Âge, telle qu'on s'est efforcé de la décrire, rendait indispensable l'établissement à poste fixe des marchands-voyageurs sur qui elle reposait. Dans les intervalles de leurs courses et surtout pendant la mauvaise saison qui rendait la mer, les fleuves et les chemins inabordables, ils devaient nécessairement s'agglomérer en certains points du territoire. Ce fut naturellement dans les endroits dont le site facilitait les communications et où ils pouvaient en même temps mettre en sécurité leur argent et leurs biens, qu'ils se concentrèrent tout d'abord. Ils se portèrent donc vers les cités ou vers les bourgs qui répondaient le mieux à ces conditions.

Le nombre en était en somme considérable. L'emplacement des cités leur avait été imposé par le relief du sol ou la direction des cours d'eau, bref par les circonstances naturelles qui précisément déterminaient la direction du commerce et dirigeaient ainsi les marchands vers elles. Quant aux bourgs, destinés à s'opposer à l'ennemi ou à fournir un abri aux populations, on n'avait pas manqué d'en construire aux endroits dont l'accès était particulièrement facile. C'est par les mêmes routes que passent les envahisseurs et que s'acheminent les marchands, et il en résulta que les forteresses élevées contre ceux-là, s'adaptaient excellemment à attirer ceux-ci vers leurs murailles. Il arriva ainsi que les premières agglomérations commerciales se constituèrent aux endroits que la nature prédisposait soit à devenir soit à redevenir les foyers de la circulation économique[4].

On pourrait être tenté de croire, et certains historiens ont cru en effet, que les marchés (*mercatus, mercata*), fondés en si grand nombre à partir du ixe siècle, ont été la cause de ces premières agglomérations. Pour séduisante qu'elle paraisse à première vue, cette opinion ne résiste pas à l'examen. Les marchés de l'époque carolingienne étaient de simples marchés locaux fréquentés par les paysans des environs et par quelques colporteurs. Ils avaient uniquement pour but de subvenir au ravitaillement des cités et des bourgs. Ils ne se tenaient qu'une fois par semaine et leurs transactions étaient limitées par les besoins ménagers des habitants très peu nombreux, en faveur desquels ils étaient établis. Des marchés de cette sorte ont toujours existé et existent encore de nos jours dans des milliers de petites villes et de villages. Leur attraction n'était ni assez puissante ni assez étendue pour attirer et fixer autour d'eux une population marchande. On connaît d'ailleurs quantité d'endroits, qui, quoique pourvus de marchés de cette sorte, ne se sont jamais élevés au rang de villes. Il en fut ainsi par exemple de ceux que l'évêque de Cambrai et l'abbé de Reichenau établirent l'un en 1001 au Câteau-Cambrésis et l'autre en 1100 à Radolfzell. Or Radolfzell et Le Câteau ne furent jamais que des localités insignifiantes et l'insuccès des tentatives dont elles furent l'objet montre bien que les marchés ont été dépourvus de cette influence que l'on s'est plu parfois à leur accorder[5].

On peut en dire autant des foires (*fora*), et pourtant les foires, à la différence des marchés, ont été instituées pour servir de rendez-vous périodiques aux marchands professionnels, pour les mettre en contact les uns avec les autres, et les faire confluer vers elles à époques fixes. En fait, l'importance de beaucoup d'entre elles a été très grande. En Flandre celles de Thourout et de Messines, en France celles de Bar-sur-Aube et de Lagny figurent parmi les centres principaux du commerce médiéval jusque vers la fin du xiiie siècle. Il peut donc apparaître étrange à première vue qu'aucune de ces localités ne soit devenue une ville digne de ce nom. C'est que le mouvement d'affaires qui s'y faisait manquait de ce caractère permanent qui est indispensable à la fixation du négoce. Les marchands se dirigeaient vers elles parce qu'elles étaient situées sur la grande voie du transit courant de la Mer du Nord à la Lombardie, et parce que les princes territoriaux les avaient dotées de franchises et de privilèges. Elles étaient des points de rassemblement et des lieux d'échange où se rencontraient vendeurs et acheteurs venus du Nord ou du Midi ; puis, après quelques semaines, leur clientèle exotique se dispersait pour ne revenir que l'année suivante.

Il est arrivé, sans doute, et il est même arrivé bien souvent, qu'une foire ait été fixée à l'endroit où se constitua une agglomération marchande. Il en fut ainsi, par exemple, de Lille, d'Ypres, de Troyes, etc. La foire a sûrement favorisé le développement de ces villes, mais il est impossible d'admettre qu'elle l'ait provoqué. Plusieurs grandes villes en fournissant aisément la preuve. Worms, Spire, Mayence n'ont jamais été le siège d'une foire ; Tournai n'en a obtenu une qu'en 1284, Leyde qu'en 1304 et Gand qu'au XVe siècle seulement[6].

Il reste donc que la situation géographique jointe à la présence d'une cité ou d'un bourg fortifié apparaît comme la condition essentielle et nécessaire d'un établissement de marchands. Rien de moins artificiel que la formation d'un établissement de ce genre. Les nécessités primordiales de la vie commerciale, la facilité des communications et le besoin de sécurité en rendent compte de la manière la plus naturelle. À une époque plus avancée, lorsque la technique aura permis à l'homme de vaincre la nature et de lui imposer sa présence en dépit des obstacles du climat ou du sol, il sera possible sans doute de bâtir des villes partout où l'esprit d'entreprise et la recherche du profit en arrêteront le site. Mais il en va tout autrement dans une période où la société n'a pas encore acquis assez de vigueur pour s'affranchir de l'ambiance physique. Forcée de s'y adapter, c'est d'après elle qu'elle règle son habitat. La formation des villes du Moyen Âge est à peu de choses près un phénomène aussi nettement déterminé par le milieu géographique et par le milieu social que le cours des fleuves est déterminé par le relief des montagnes et la direction des vallées[7].

À mesure que s'accentua, depuis le Xe siècle, la renaissance commerciale de l'Europe, les colonies marchandes installées dans les cités ou au pied des bourgs s'agrandirent d'un mouvement ininterrompu. Leur population s'accrut en fonction de la vitalité économique.

Jusqu'à la fin du xiiie siècle, le mouvement ascensionnel dont elle témoigne dès l'origine se continuera de façon ininterrompue n'était impossible qu'il en fût autrement. Chacun des nœuds du transit international participait naturellement à l'activité de celui-ci, et la multiplication des marchands avait forcément pour conséquence l'accroissement de leur nombre en tous les endroits où d'abord ils s'étaient fixés. Car ces endroits étaient justement les plus favorables à la vie commerciale. S'ils avaient plus tôt que d'autres attiré les marchands, c'est parce que mieux que d'autres ils répondaient à leurs besoins professionnels. Ainsi s'explique de la manière la plus satisfaisante qu'en règle générale, les plus grandes villes commerciales d'une région en soient aussi les plus anciennes.

Nous ne possédons sur les primitives agglomérations marchandes que des renseignements dont l'insuffisance est bien loin de satisfaire notre curiosité. L'historiographie du xe et du xie siècle s'est désintéressée complètement des phénomènes sociaux et économiques. Exclusivement rédigée par des clercs ou par des moines, elle mesurait naturellement l'importance des évènements à celle qu'ils présentaient pour l'Église. La société laïque ne sollicitait leur attention qu'autant qu'elle était en rapports avec la société religieuse. Ils ne pouvaient négliger le récit des guerres et des conflits politiques qui exerçaient leur répercussion sur celle-ci, mais comment eussent-ils pris soin de noter les origines de la vie urbaine pour laquelle la compréhension ne leur faisait pas moins défaut que la sympathie[8] ? Quelques allusions échappées par hasard, quelques annotations fragmentaires à l'occasion d'une émeute ou d'un soulèvement, voilà presque toujours ce dont l'historien est réduit à se contenter. Il faut descendre jusqu'au xiie siècle pour trouver çà, et là, chez quelque rare laïque se mêlant d'écrire, un butin un peu plus abondant. Les chartes et les records nous permettent de suppléer dans une certaine mesure à cette indigence. Encore sont-ils bien rares pour la période des origines. Ce n'est qu'à partir de la fin du xie siècle qu'ils commencent à fournir des clartés un peu plus abondantes. Quant aux sources d'origine urbaine, je veux dire écrites et composées par des bourgeois, il n'en existe point qui soient antérieures à la fin du xiie siècle. On est donc obligé, quoiqu'on en ait, d'ignorer beaucoup et contraint de recourir trop souvent, dans la passionnante étude de l'origine des villes, à la combinaison et à l'hypothèse.

Le peuplement des villes nous échappe dans ses détails. On ne sait comment les premiers marchands qui vinrent s'y fixer s'installèrent au milieu ou à côté de la population préexistante. Les cités, dont les enceintes comprenaient fréquemment des espaces vides occupés par des champs et des jardins, durent leur fournir au début une place qui devint bientôt trop étroite. Il est certain que dès le xe siècle, dans beaucoup d'entre elles, ils furent forcés de s'établir en dehors des murs. À Verdun, ils construisent un enclos fortifié (*negotiatorum claustrum*[9]), relié à la cité par deux ponts ; à Ratisbonne, la ville des marchands (*urbs mercatorum*) s'élève à côté de la ville épiscopale, et le même fait est attesté à Utrecht, à Strasbourg, etc.[10]. À Cambrai, les nouveaux venus s'entourent d'une palissade de bois qui, un peu plus tard, est remplacée par une muraille en pierre[11]. Nous savons qu'à Marseille l'enceinte urbaine a dû être élargie au commencement du xie siècle[12]. Il serait facile de multiplier ces exemples. Ils établissent d'une manière irrécusable l'extension rapide prise par les vieilles cités qui, depuis l'époque romaine, n'avaient subi aucun agrandissement.

Le peuplement des bourgs est dû aux mêmes causes que celui des cités, mais il s'est opéré dans des conditions assez différentes. Ici, en effet, l'espace disponible manquait aux arrivants. Les bourgs n'étaient que des forteresses dont les murailles n'enserraient qu'un périmètre étroitement limité. Il en résulte que, dès l'origine, les marchands furent contraints de s'installer, faute de place, à l'extérieur de ce périmètre. Ils constituèrent, à côté du bourg, un bourg du dehors, c'est-à-dire un faubourg (*forisburgus, suburbium*). Ce faubourg est encore appelé par les textes nouveau bourg (*novus burgus*), par opposition au bourg féodal ou vieux bourg (*vetus burgus*) auquel il s'est accolé. On rencontre pour le désigner, spécialement dans les Pays-Bas et en Angleterre, un mot qui répond admirablement à sa nature : *portus*.

On appelle *portus* dans la langue administrative de l'Empire romain, non point un port de mer, mais un endroit clôturé servant d'entrepôt ou d'étape pour des marchandises[13]. L'expression a passé en se transformant à peine, aux époques mérovingienne et carolingienne[14]. Il est facile de voir que tous les endroits auxquels elle s'applique sont situés sur des cours d'eau et qu'un tonlieu y est établi.

C'étaient donc des débarcadères où s'accumulaient, en vertu du jeu de la circulation, des marchandises destinées à être transportées plus loin[15]. Entre un *portus* et un marché ou une foire, l'opposition est très nette. Tandis que ceux-ci sont des rendez-vous périodiques d'acheteurs et de vendeurs, il est une place permanente de commerce, un centre de transit ininterrompu. Dès le viie siècle, Dinant, Huy, Maestricht, Valenciennes, Cambrai étaient des sièges de *portus* et par conséquent des lieux d'étape[16]. La décadence économique du viiie siècle et les invasions normandes ruinèrent naturellement leur négoce. Il faut attendre le xe siècle pour voir, non seulement les anciens *portus* se ranimer mais pour observer qu'en même temps il s'en fonde de nouveaux dans quantité d'endroits, à Bruges, à Gand, à Ypres, à Saint-Omer, etc. On relève à la même date, dans les textes anglo-saxons, l'apparition du mot *port* employé comme synonyme des mots latins *urbs* et *civitas*, et l'on sait avec quelle fréquence la désinence *port* se rencontre dans les noms de villes de tous les pays de langue anglaise[17]. Rien ne montre avec plus de clarté l'étroite connexion qui existe entre la renaissance économique du Moyen Âge et les débuts de la vie urbaine. Elles sont tellement apparentées que le même mot qui désigne un établissement commercial a servi dans l'un des grands idiomes européens, à désigner la ville elle-même. L'ancien néerlandais présente, au surplus, un phénomène analogue. Le mot *poort* et le mot *poorter* y sont employés, le premier avec la signification de ville, le second avec celle de bourgeois.

Nous pouvons conclure avec une sûreté complète que les *portus* mentionnés en si grand nombre durant le xe et le xie siècle au pied des *bourgs* de Flandre et des régions avoisinantes, sont des agglomérations de marchands. Les quelques passages des chroniques ou des vies de saints qui nous fournissent à leur sujet de trop rares détails, ne peuvent laisser subsister le moindre doute à cet égard. Je me bornerai à citer ici le curieux récit des *Miracula Sancti Womari*, écrit vers 1060 par un moine témoin des événements qu'il rapporte. Il y est question d'une troupe de religieux arrivant processionnellement à Gand. Les habitants sortent à leur rencontre, « comme un essaim d'abeilles ». Ils conduisent tout d'abord les pieux visiteurs à l'église de Sainte-Pharaïlde, située dans l'enceinte du *burgus*. Le lendemain, ils sortent de celui-ci pour se rendre à l'église de Saint-Jean-Baptiste, récemment élevée dans le *portus*[18]. Il apparaît donc que nous avons à faire ici à la juxtaposition de deux centres d'habitation d'origine et de nature diverses. L'un, le plus ancien, est une forteresse, l'autre, le plus récent, est une place de commerce. Et c'est de la fusion graduelle de ces deux éléments, dont le premier sera peu à peu absorbé par le second, que naîtra la ville[19].

Observons avant d'aller plus loin, quel a été le sort tant des cités que des bourgs auxquels leur situation n'a pas réservé la fortune de devenir des centres commerciaux. Tels, par exemple, pour ne point sortir des Pays-Bas, la cité de Térouanne ou les bourgs construits autour des monastères de Stavelot, de Malmédy, de Lobbes, etc.

Dans la période agricole et domaniale du Moyen Âge, tous ces endroits s'étaient distingués par leur richesse et leur influence. Mais trop éloignés des grandes voies de communication, ils ne furent pas atteints par la renaissance économique, ni si l'on peut ainsi dire, fécondés par elle. Au milieu de l'efflorescence qu'elle a provoquée, ils sont restés stériles, comme des semences jetées sur la pierre. Aucun d'eux ne s'est élevé, avant les temps modernes, au-dessus du rang d'une simple bourgade à demi-rurale[20]. Et il n'en faut point davantage pour préciser le rôle joué dans l'évolution urbaine, par les cités et les bourgs. Adaptés à un ordre social très différent de celui qui a vu naître les villes, ils n'ont point donné naissance à celles-ci. Ils n'ont été, pour ainsi parler, que les points de cristallisation de l'activité commerciale. Elle ne sort point d'eux, elle y arrive du dehors quand les circonstances favorables du site l'y font confluer. Leur rôle a été essentiellement un rôle passif. Dans l'histoire de la formation des villes, le *faubourg* commercial dépasse de beaucoup l'importance du *bourg* féodal. C'est lui qui est l'élément agissant et c'est par lui, comme on le verra, que s'explique le renouveau de la vie municipale qui n'est que la conséquence du renouveau économique[21].

Les agglomérations marchandes se caractérisent, à partir du xe siècle, par une croissance ininterrompue. Par là, elles présentent le plus violent contraste avec l'immobilité dans laquelle persistent les cités et les bourgs au pied desquels elles se sont fixées. Elles attirent continuellement à elles de nouveaux habitants. Elles se dilatent d'un mouvement continu, couvrant un espace de plus en plus vaste, si bien qu'au commencement du xiie siècle, dans bon nombre d'endroits, elles enserrent déjà de toutes parts la forteresse primitive autour de laquelle se pressent leurs maisons. Dès le commencement du xie siècle, il est devenu indispensable de créer pour elles de nouvelles églises et de répartir leur population en paroisses nouvelles. À Gand, à Bruges, à Saint-Omer et dans bien d'autres endroits, des textes signalent la construction d'églises dues souvent à l'initiative de marchands enrichis[22]. Quant à l'aménagement et à la disposition du faubourg, on ne peut s'en faire qu'une idée d'ensemble à quoi manque la précision des détails. Le type original est partout très simple. Un marché, établi au bord du cours d'eau qui traverse la localité ou bien au centre de celle-ci, est le point de jonction des rues (*plateae*) qui de lui se dirigent vers les portes donnant accès sur la campagne. Car le faubourg marchand, et il importe de relever ce trait avec une attention particulière, s'entoure bientôt d'ouvrages de défense[23].

Il était impossible qu'il en fût autrement dans une société où, malgré les efforts des princes et de l'Église, la violence et la rapine sévissaient de façon permanente. Avant la dissolution de l'Empire Carolingien et les invasions normandes, le pouvoir royal avait réussi tant bien que mal à garantir la sécurité publique, et il semble que les *portus* de ce temps-là, ou tout au moins le plus grand nombre d'entre eux, demeurèrent à l'état de lieux ouverts. Mais déjà au milieu du ixe siècle, il n'existe plus, pour la propriété mobilière, d'autre garantie que l'abri des murailles. Un texte de 845-846 indique clairement que les gens les plus riches et les rares marchands qui subsistent encore ont cherché un refuge dans les cités[24]. La renaissance commerciale surexcita trop bien les appétits des pillards de toutes sortes pour que l'impérieux besoin de se protéger contre eux ne s'imposât pas aux agglomérations commerciales. De même que les marchands ne se risquaient qu'en armes sur les routes, de même aussi ils firent de leurs résidences collectives des manières de places fortes. Les établissements qu'ils fondèrent au pied des cités ou des bourgs rappellent, d'une manière assez exacte les forts et les *bloc-houses* construits par les immigrants européens au xviie et au xviiie siècle dans les colonies d'Amérique ou du Canada. Comme ceux-ci, la plupart du temps, ils n'étaient défendus que par une solide palissade de bois percée de portes et entourée d'un fossé. On peut encore retrouver un souvenir de ces premières fortifications urbaines dans la coutume, longuement conservée en héraldique, de représenter une ville par une sorte de haie circulaire.

Il est certain que cette grossière clôture de charpente n'avait d'autre but que de parer à un coup de main. Elle constituait une garantie contre des bandits ; elle n'aurait pu résister à un siège en règle[25]. En cas de guerre, il fallait la livrer aux flammes afin d'empêcher l'ennemi de s'y embusquer, et se refugier dans la cité ou dans le bourg comme dans une puissante citadelle. Ce n'est guère qu'à partir du xiie siècle que la prospérité croissante des colonies marchandes leur permit d'augmenter leur sécurité en se ceignant de remparts de pierres, flanqués de tours, et capables d'affronter une attaque régulière. Dès lors, elles furent elles-mêmes des forteresses. La vieille enceinte féodale ou épiscopale, qui continuait à se dresser encore en leur centre, perdit ainsi toute raison d'être. Peu à peu on en laissa tomber en ruines les murs inutiles. Des maisons s'y accolèrent et les recouvrirent. Il arriva même que des villes les rachetèrent au comte ou à l'évêque, pour qui ils ne représentaient plus qu'un capital stérile ; on les démolit et on transforma l'espace qu'ils avaient occupé, en terrains à bâtir.

Le besoin de sécurité qui s'imposait aux marchands nous fournit donc l'explication de ce caractère essentiel des villes du Moyen Âge d'être des villes fortes. On ne peut concevoir à cette époque une ville sans murailles ; c'est un droit ou, pour employer la manière de parler de ce temps, c'est un privilège qui ne manque à aucune d'elles. Ici encore l'héraldique se conforme très exactement à la réalité, en surmontant les armoiries des villes d'une couronne murale.

Mais l'enceinte urbaine n'est pas seulement l'emblème de la ville, c'est encore d'elle que provient le nom qui a servi et qui sert encore à en désigner la population. Du fait, en effet, qu'elle constituait un endroit fortifié, la ville devenait un bourg. L'agglomération marchande, nous l'avons déjà dit, était désignée, à côté du *vieux bourg* primitif, par le nom de *nouveau bourg*. Et c'est de là que ses habitants reçoivent, au plus tard depuis le commencement du xie siècle, le nom de bourgeois (*burgenses*). La première mention que je connaisse de ce mot appartient à la France, où on le relève dès 1007. On le trouve en Flandre, à Saint-Omer, en 1056 ; puis il passe dans l'Empire par l'intermédiaire de la région mosane où on le rencontre à Huy en 1066. Ainsi, ce sont les habitants du nouveau bourg, c'est à dire du bourg marchand qui ont reçu ou plus probablement qui se sont donné l'appellation de bourgeois. Il est curieux d'observer qu'elle n'a jamais été appliquée à ceux du vieux bourg. Ceux-ci nous apparaissent sous le nom de *castellani* ou de *castrenses*. Et c'est une preuve de plus et particulièrement significative que l'origine de la population urbaine doit être cherchée non point parmi la population des forteresses primitives, mais dans la population immigrée que le commerce fit affluer autour d'elles et qui, dès le xie siècle, commença à absorber les anciens habitants.

L'appellation de bourgeois n'a pas tout d'abord été d'usage universel. À côté d'elle, on a continué encore à employer celle de *cives* conformément à la tradition antique. On relève aussi, en Angleterre et en Flandre, les mots *poortmanni* et *poorters*, qui sont tombés en désuétude vers la fin du Moyen Âge, mais qui, l'un et l'autre, confirment de la façon la plus heureuse l'identité que nous avons constatée par ailleurs entre le *portus* et le *nouveau bourg*. À vrai dire, l'un et l'autre ne sont qu'une seule et même chose, et la synonymie que la langue établit entre le *poortmannus* et le *burgensis* suffirait à l'attester si nous n'en avions déjà fourni assez de preuves.

Sous quel aspect convient-il de se représenter la bourgeoisie primitive des agglomérations commerciales ? Il est évident qu'elle ne se composait pas exclusivement de marchands au long cours tels que nous avons cherché à les décrire au chapitre précédent. Elle devait comprendre à côté d'eux un nombre plus ou moins considérable de gens employés au débarquement et au transport des marchandises, au gréement et à l'équipement des bateaux, à la confection des voitures, des tonneaux, des caisses, en un mot de tous les accessoires indispensables à la pratique des affaires. Celle-ci attirait nécessairement vers la ville naissante les gens des alentours en quête d'une profession. On peut constater nettement, dès le commencement du xie siècle, une véritable attraction de la population rurale par la population urbaine. Plus augmentait la densité de celle-ci, plus aussi s'intensifiait l'action qu'elle exerçait autour d'elle. Elle avait besoin pour son entretien journalier, non seulement d'une quantité, mais aussi d'une variété croissante de gens de métier. Les quelques artisans qui avaient jusqu'alors suffi aux besoins restreints des cités et des bourgs ne pouvaient évidemment répondre aux exigences multipliées des nouveaux venus. Il fallut donc que les travailleurs des professions les plus indispensables : boulangers, brasseurs, bouchers, forgerons, etc., arrivassent du dehors.

Mais le commerce lui-même suscitait l'industrie. Dans toutes les régions où celle-ci était pratiquée à la campagne, il s'efforça et il réussit à l'attirer tout d'abord, puis bientôt à la concentrer dans les villes.

La Flandre fournit à cet égard un exemple des plus instructifs. On a déjà vu que depuis l'époque celtique, l'exercice de la draperie n'avait pas cessé d'y être très largement répandu. Les draps confectionnés par les paysans avaient été transportés au loin, avant la période des invasions normandes, par la navigation frisonne. Les marchands des villes ne devaient pas manquer à leur tour d'en tirer parti. Dès la fin du xe siècle, nous savons qu'ils transportaient du drap en Angleterre. Ils apprirent bientôt à y connaître l'excellente qualité de la laine indigène et ils se mirent à en introduire en Flandre où ils la firent travailler. Ils se transformèrent ainsi en donneurs d'ouvrage et attirèrent naturellement vers les villes les tisserands du pays[26]. Ces tisserands perdirent dès lors leur caractère rural pour devenir de simples salariés au service des marchands. L'augmentation de la population favorisa naturellement la concentration industrielle. Quantité de pauvres affluèrent vers les villes où la draperie, dont l'activité croissait au fur et à mesure du développement du commerce, leur garantissait un gagne-pain. Leur condition y apparaît d'ailleurs comme très misérable. La concurrence qu'ils se faisaient les uns aux autres sur le marché du travail, permettait aux marchands de les payer à très bas prix. Les renseignements que nous possédons sur eux et dont les plus anciens remontent au xie siècle, nous les dépeignent sous l'apparence d'une plèbe brutale, inculte et mécontente[27]. Les conflits sociaux que la vie industrielle devait fomenter si terribles dans la Flandre du xiiie et du xive siècle, sont déjà en germe à l'époque même de la formation des villes. L'opposition du capital et du travail s'y révèle comme aussi ancienne que la bourgeoisie.

Quant à la vieille draperie rurale, elle disparut assez rapidement. Elle ne pouvait lutter avec celle des villes, abondamment fournies de matière première par le commerce, et jouissant d'une technique plus avancée. Car les marchands ne manquèrent point d'améliorer, en vue de la vente, la qualité des étoffes qu'ils exportaient. Ils organisèrent et dirigèrent eux-mêmes des ouvroirs où elles étaient foulées et teintes. Au xiie siècle ils étaient parvenus à les rendre sans rivales sur les marchés de l'Europe pour la finesse du tissu et la beauté des couleurs. Ils en augmentèrent aussi les dimensions. Les anciens « manteaux » (*pallia*) de forme carrée qu'avaient fabriqués jadis les tisserands du plat-pays, furent remplacés par des pièces de drap d'une longueur de 30 à 60 aunes, d'une confection plus économique et d'une exportation plus commode.

Les draps de Flandre devinrent ainsi l'une des marchandises les plus recherchées du grand commerce. La concentration de leur industrie dans les villes, resta jusqu'à la fin du Moyen Âge la source essentielle de la prospérité de celles-ci et contribua à leur donner ce caractère de grands centres manufacturiers qui confère à Douai, à Gand ou à Ypres une originalité si marquée.

Si la draperie a joui en Flandre d'un prestige incomparable, elle est bien loin, naturellement, de se restreindre à ce pays. Quantité de villes du Nord et du Midi de la France, de l'Italie, de l'Allemagne rhénane s'y sont adonnées aussi avec succès. Les draps ont alimenté plus que tout autre produit fabriqué le commerce du Moyen Âge. La métallurgie a joui d'une importance beaucoup moindre. Elle se réduit presque exclusivement au travail du cuivre, auquel un certain nombre de villes, parmi lesquelles il faut citer particulièrement Dinant dans la vallée de la Meuse, doivent leur fortune. Mais quel que soit d'ailleurs le genre d'industrie, partout il obéit à cette loi de concentration que nous avons constatée de si bonne heure en Flandre. Partout les agglomérations urbaines ont aspiré vers elle, grâce au commerce, l'industrie rurale[28].

À l'époque de l'économie domaniale, chaque centre d'exploitation, grand ou petit, subvenait, dans la plus large mesure possible, à tous ses besoins. Le grand propriétaire entretenait dans sa « cour » des artisans serfs, de même que chaque paysan construisait lui-même sa maison ou confectionnait de ses propres mains les meubles ou les outils qui lui étaient le plus indispensables. Les colporteurs, les juifs, les rares marchands qui passaient de loin en loin subvenaient au reste. On vivait dans une situation très analogue à celle qui se rencontrait encore récemment dans de nombreuses régions de la Russie. Tout cela changea dès que les villes commencèrent à offrir aux habitants des campagnes, le moyen de s'approvisionner chez elles de produits industriels de toute sorte. Il s'établit entre la bourgeoisie et la population rurale cet échange de services dont nous avons parlé plus haut. Les artisans chez qui se fournissait la première, trouvèrent aussi dans la seconde une clientèle assurée. Le résultat en fut une division du travail très nette entre les villes et les campagne. Celles-ci s'adonnèrent exclusivement à l'agriculture, celles-là à l'industrie et au commerce, et cet état de choses dura aussi longtemps que la société médiévale.

Il était d'ailleurs beaucoup plus avantageux à la bourgeoisie qu'aux paysans. Aussi les villes s'efforcèrent-elles énergiquement de le sauvegarder. Elles ne manquèrent jamais de combattre toute tentative d'introduire l'industrie dans le plat-pays. Elles veillèrent jalousement sur le monopole qui garantissait leur existence. Il faut attendre l'époque moderne pour qu'elles se résignent à renoncer à un exclusivisme désormais incompatible avec le progrès économique[29].

La bourgeoisie dont nous venons d'esquisser la double activité commerciale et industrielle se trouva dès l'abord aux prises avec des difficultés multiples dont elle ne triompha qu'à la longue. Rien n'était préparé pour la recevoir dans les cités et dans les bourgs où elle s'établit. Elle dut y apparaître comme une cause de perturbation, et l'on pourrait être tenté de dire qu'elle y fut accueillie très souvent en indésirable. Il lui fallut tout d'abord s'arranger avec les propriétaires du sol. Tantôt c'était l'évêque, tantôt un monastère, tantôt un comte ou un seigneur qui y possédait la terre et y exerçait la justice. Il arrivait même fréquemment que l'espace occupé par le *portus* ou le nouveau bourg relevât par parties de plusieurs juridictions et de plusieurs domaines. Il était destiné à l'agriculture, et l'immigration des nouveaux venus le transformait tout à coup en terrain à bâtir. Il fallut un certain temps avant que ses détenteurs s'aperçussent du profit qu'ils pouvaient en retirer. Au début, ils ressentirent surtout les inconvénients de l'arrivée de ces colons adonnés à un genre de vie qui heurtait les habitudes ou qui choquait les idées traditionnelles.

Des conflits éclatèrent tout de suite. Ils étaient inévitables si l'on songe que les arrivants, en leur qualité d'étrangers, n'étaient guère enclins à tenir compte d'intérêts, de droits, de coutumes qui les gênaient. On dut leur faire place tant bien que mal, et à mesure que leur nombre alla croissant, leurs empiétements devinrent de plus en plus hardis.

En 1099, à Beauvais, le Chapitre devait intenter un procès aux teinturiers qui avaient tellement encombré le cours de la rivière, que ses moulins ne pouvaient plus fonctionner[30]. Ailleurs, on voit un évêque ou un monastère contester aux bourgeois les terres qu'ils occupent. De gré ou de force pourtant, il fallut s'entendre. À Arras, l'abbaye de Saint-Vaast finit par céder ses « cultures » et à les répartir par parcelles[31]. On constate des faits analogues à Gand, à Douai, et l'on peut certainement admettre la généralité d'arrangements de ce genre en dépit de la pénurie de nos renseignements. Jusqu'à nos jours, les noms des rues rappellent dans quantité de villes, la physionomie agricole qu'elles présentèrent au début. À Gand, par exemple, l'une des artères principales est encore désignée sous le nom de « rue des

Champs » (*Veldstraat*) et l'on rencontre dans ses environs la place du Kouter (*cultura*)[32].

À la variété des propriétaires répondait la variété des régimes auxquels les terres étaient soumises. Les unes étaient astreintes à des cens et à des corvées, d'autres à des prestations destinées à l'entretien des chevaliers qui formaient la garnison permanente du vieux bourg, d'autres encore à des droits perçus par le châtelain, par l'évêque ou par l'avoué à titre de seigneurs haut-justiciers. Toutes, en somme, portaient la marque d'une époque dans laquelle l'organisation économique comme l'organisation politique avaient été fondées exclusivement sur la possession du sol. À cela s'ajoutaient les formalités et les taxes exigées par la coutume lors de la transmission des immeubles et qui en compliquaient singulièrement, s'ils n'en rendaient pas impossible, la vente et l'achat. Dans de telles conditions, la terre, immobilisée par la lourde armature des droits acquis qui pesaient sur elle, ne pouvait entrer dans le commerce, acquérir une valeur marchande ou servir de base au crédit.

La multiplicité des juridictions compliquait encore une situation déjà si embrouillée. Il était bien rare que le sol occupé par les bourgeois ne relevât que d'un seul seigneur. Chacun des propriétaires entre lesquels il se répartissait possédait sa cour domaniale seule compétente en matière foncière. Quelques-unes de ces cours exerçaient en outre soit la haute, soit la basse justice. L'enchevêtrement des compétences aggravait donc encore celui des juridictions. Il se faisait que le même homme dépendait à la fois de plusieurs tribunaux suivant qu'il était question de dettes, de crimes ou tout simplement de possession de terre. Les difficultés en résultaient d'autant plus grandes que ces tribunaux ne siégeaient pas tous dans la ville et qu'il fallait parfois se transporter au loin pour y plaider. En outre, ils différaient les uns des autres par leur composition, aussi bien que par le droit qu'ils rendaient. À côté des cours domaniales, subsistait presque toujours un ancien tribunal d'échevins établi soit dans la cité, soit dans le bourg. La cour ecclésiastique du diocèse attirait à elle non seulement les affaires relevant du droit canonique, mais encore toutes celles dans lesquelles un membre du clergé était intéressé, sans compter quantité de questions de succession, d'état civil, de mariage, etc.

Si l'on tourne les yeux vers la condition des personnes, la complexité apparaît plus grande encore. Le milieu urbain en formation présente à cet égard tous les contrastes et toutes les nuances. Rien n'est plus bizarre que la bourgeoisie naissante. Les marchands, on l'a vu plus haut, étaient, en fait, traités en hommes libres. Mais il n'en allait pas de même d'un très grand nombre des immigrants qui, attirés par le désir de trouver du travail, affluaient vers eux. Car, presque toujours originaires des environs, ils ne pouvaient dissimuler leur état civil. Le seigneur au domaine duquel ils avaient échappé pouvait facilement les retrouver ; les gens de leur village les rencontraient quand ils venaient à la ville. On connaissait leurs parents, on savait qu'ils étaient serfs, puisque la servitude était la condition générale des classes rurales, et il leur était donc impossible de revendiquer, comme les marchands, une liberté dont ces derniers ne jouissaient que grâce à l'ignorance où l'on était de leur condition native[33]. Ainsi la plupart des artisans conservait dans la ville, leur servitude originaire. Il y avait, si on peut ainsi dire, incompatibilité entre leur nouvelle condition sociale et leur condition juridique traditionnelle. Bien qu'ayant cessé d'être des paysans, ils ne pouvaient effacer la tâche dont le servage avait marqué la classe rurale. S'ils cherchaient à la dissimuler ils ne manquaient pas d'être rudement rappelés à la réalité. Il suffisait que leur seigneur les revendiquât pour qu'ils fussent obligés de le suivre et de réintégrer le domaine qu'ils avaient fui.

Les marchands eux-mêmes ressentaient indirectement les atteintes de la servitude. Voulaient-ils se marier, la femme qu'ils choisissaient appartenait presque toujours à la classe servile. Seuls les plus riches d'entre eux pouvaient ambitionner l'honneur d'épouser la fille de quelque chevalier dont ils avaient payé les dettes. Pour les autres, leur union avec une serve avait pour conséquence la non-liberté de leurs enfants. La coutume attribuait, en effet, aux enfants le droit de leur mère en vertu de l'adage « *partus ventrem sequitur* », et l'on comprend l'incohérence qui en résultait pour les familles. La liberté dont le marchand jouissait pour lui-même ne pouvait se transmettre à ses enfants. Le mariage faisait réapparaître la servitude à son foyer. Que de rancœurs, que de conflits naissaient fatalement d'une situation aussi contradictoire. Manifestement le droit ancien, en prétendant s'imposer à un milieu social auquel il n'était plus adapté, aboutissait à ces absurdités et à ces injustices qui appellent irrésistiblement une réforme.

D'autre part, tandis que la bourgeoisie grandissait et par le nombre acquérait la force, la noblesse, peu à peu, reculait devant elle et lui cédait la place. Les chevaliers établis dans le bourg ou dans la cité n'avaient plus aucune raison d'y demeurer depuis que l'importance militaire de ces vieilles forteresses avait disparu. On aperçoit très nettement, tout au moins dans le Nord de l'Europe, qu'ils se retirent à la campagne et abandonnent les villes. En Italie seulement et dans le Midi de la France, ils continuèrent à y résider.

Il faut sans doute attribuer ce fait à la conservation dans ces pays, des traditions et dans une certaine mesure de l'organisation municipale de l'Empire Romain. Les cités d'Italie et de Provence avaient été trop intimement rattachées aux territoires dont elles formaient les centres administratifs, pour n'avoir pas conservé avec eux lors de la décadence économique du viiie et du ixe siècle, des relations plus étroites que partout ailleurs. La noblesse, dont les fiefs s'éparpillaient à travers la campagne, n'y prit point ce caractère rural qui caractérise celle de France, d'Allemagne ou d'Angleterre. Elle se fixa dans les cités, où elle vécut des revenus de ses terres. Elle y construisit dès le haut Moyen Âge, ces tours qui jusqu'aujourd'hui donnent un aspect si pittoresque à tant de vieilles villes de Toscane. Elle ne se dépouilla point de l'empreinte urbaine dont la société antique avait été si fortement marquée. Le contraste apparaît moins frappant entre la noblesse et la bourgeoisie en Italie que dans le reste de l'Europe. À l'époque de la renaissance commerciale, on voit même les nobles s'y intéresser aux affaires des marchands et y engager une partie de leurs revenus. C'est par là que le développement des villes italiennes diffère peut-être le plus profondément de celui des villes du Nord.

Dans ces dernières, ce n'est qu'à titre tout à fait exceptionnel que l'on rencontre çà et là, isolée et comme égarée au milieu de la société bourgeoise, une famille de chevaliers. Au xiie siècle, l'exode de la noblesse vers le plat-pays est achevé presque partout. Nous touchons d'ailleurs ici à une question encore très mal connue et sur laquelle il est permis d'espérer que des recherches ultérieures jetteront plus de clarté. On peut supposer, en attendant, que la crise économique à laquelle la noblesse fut en proie au xiie siècle par suite de la diminution de ses revenus, ne fut pas sans influence sur sa disparition dans les villes. Elle dut trouver avantageux de vendre à des bourgeois les fonds qu'elle y possédait et dont leur transformation en terrains à bâtir avait énormément augmenté la valeur.

La situation du clergé ne fut point sensiblement modifiée par l'afflux de la bourgeoisie vers les cités et les bourgs. Il en résulta pour lui des inconvénients, mais aussi des avantages. Les évêques durent lutter pour maintenir intacts, en présence des nouveaux venus, leurs droits de justice et leurs droits domaniaux. Les monastères et les Chapitres se virent contraints de laisser des maisons se bâtir sur leurs champs ou sur leurs « cultures ». Le régime patriarcal et domanial auquel l'Église était accoutumée se trouva trop brusquement aux prises avec des revendications et des nécessités inattendues pour qu'il n'en résultât pas tout d'abord une période de malaise et d'insécurité.

D'autre part, cependant, les compensations ne manquaient pas. Les cens dus par les lots de terrain cédés aux bourgeois formaient une source de revenus de plus en plus abondante. L'augmentation de la population entraînait une augmentation correspondante du casuel alimenté par les baptêmes, les mariages et les décès. Le produit des offrandes allait croissant sans cesse. Les marchands et les artisans se groupaient en confréries pieuses affiliées à une église ou à un monastère moyennant des redevances annuelles. La fondation de nouvelles paroisses, à mesure que montait le chiffre des habitants, multipliait le nombre et les ressources du clergé séculier. Quant aux abbayes, ce n'est plus qu'à titre tout à fait exceptionnel qu'on en voit encore s'établir dans les villes à partir du xie siècle. Elles n'eussent pu s'accoutumer à leur vie trop bruyante et trop affairée et, au surplus, il eût été impossible désormais d'y trouver la place nécessaire à une grande maison religieuse avec les services accessoires qu'elle requérait. L'ordre de Cîteaux qui se répandit si largement par l'Europe au cours du xiie siècle, n'essaima que dans la campagne.

C'est seulement au siècle suivant que les moines reprendront, mais dans des conditions toutes différentes, le chemin des villes. Les ordres mendiants, Franciscains et Dominicains, qui viendront alors s'y fixer ne correspondent pas seulement à l'orientation nouvelle de la ferveur religieuse. Le principe de la pauvreté les a fait rompre avec l'organisation domaniale qui avait été jusqu'alors le support de la vie monastique. Par eux, le monachisme s'est trouvé merveilleusement adapté au milieu urbain. Ils n'ont demandé aux bourgeois que leurs aumônes. Au lieu de s'isoler au centre de vastes enclos silencieux, ils ont bâti leurs couvents le long des rues ; ils ont participé à toutes les agitations et à toutes les misères des artisans ; ils en ont compris toutes les aspirations, et ils ont mérité d'en devenir les directeurs spirituels.

1. Ceci n'est vrai, naturellement que pour les villes placées dans des conditions normales. L'État a dû souvent entretenir des populations urbaines beaucoup trop nombreuses pour pouvoir suffire à leur propre subsistance. Il en fut ainsi, par exemple, à Rome dès la fin de la République. Mais l'augmentation de la population à Rome était le résultat de causes politiques, non de causes économiques.
2. Il y a eu certainement plus tard au Moyen Âge quantité de localités portant le nom de ville et dotées de franchises urbaines et dont les habitants étaient cependant beaucoup plus occupés d'agriculture que de commerce ou d'industrie. Mais ce sont là des formations d'époque postérieure. Je fais allusion ici à la bourgeoisie telle qu'elle s'est constituée tout d'abord et telle qu'elle a continué d'exister dans les centres générateurs de la vie urbaine.
3. Les villes les plus importantes pour l'étude de l'origine des institutions urbaines sont évidemment les plus anciennes ; c'est là que la bourgeoisie s'est constituée. C'est une faute de méthode que de chercher à expliquer celle-ci en s'appuyant sur des villes de formation postérieure et tardive comme celles de l'Allemagne d'Outre-Rhin. Il est aussi impossible d'y surprendre les origines du régime municipal qu'il le serait de rechercher les origines du système féodal dans les Assises de Jérusalem.
4. H. Pirenne, *L'origine des constitutions urbaines au Moyen Âge* (*Revue historique*, t. LVII [1895], p. 68).
5. H. Pirenne, *Villes, marchés et marchands au Moyen Âge* (*Revue historique*, t. LXVII [1898], p. 59) ; F. Keutgen, *Untersuchungen über den Ursprung der deutschen Stadtverfassung* (Leipzig, 1895) ; S. Rietschel, *Markt und Stadt in ihrem rechtlichen Verhältniss* (Leipzig, 1897).
6. H. Pirenne, *L'origine des constitutions urbaines*, loc. cit., p. 66.
7. Le milieu géographique seul ne suffit pas. Sur les exagérations auxquelles il a donné lieu, voir L. Fèvre, *La terre et l'évolution humaine*, p. 411 et suiv. (Paris, 1922).
8. Le chroniqueur Gilles d'Orval, par exemple, mentionnant les franchises accordées à la ville de Huy par l'évêque de Liége en 1061, en signale quelques points et passe le reste sous silence « pour ne pas ennuyer le lecteur ». Il pense évidemment au public ecclésiastique pour lequel il écrit.
9. Richer, *Historiae*, lib. III, § 103 (c. 985) : « Negotiatorum claustrum muro instar oppidi extructum, ab urbe quidem, Mosa interfluente sejunctun, sed pontibus duobus interstratis et annexum ».
10. Dans le vieux droit municipal de Strasbourg, l'agglomération nouvelle s'appelle *urbs exterior*. F. Keutgen, *Urkunden zur Städtischen Verfassungsgeschichte*, p. 93 (Berlin, 1899).
11. *Gesta episcoporum Cameracensium. Mon. Germ. Hist. Script.*, t. VII, p. 499.
12. F. Kiener, *Verfassungsgeschichte der Provence*, p. 212.
13. Digeste, l. 16, 59 : « Portus appellatus est conclusus locus quo importantur merces et inde exportantur ». Isidore de Séville, *Etymologiae*, l. XIV, c. VIII, § 39, 40 : « *Portus dictus a deportandis commerciis* ».
14. Le mot y a été souvent employé comme s'il appartenait à la deuxième déclinaison. Voy. par exemple, la *Vita Eparchi* dans les *Mon. Germ. Hist. Script. Rer. Merov.*, t. III, p. 557 : « Navis ipsa, omnibus portis relictis, fluctibus valde oppressa etc. »).
15. Au xiie siècle encore, le mot conservait sa signification primitive de débarcadère. « Infra burgum Brisach et Argentinensem civitatem, nullus erit portus, *qui vulgo dicitur Ladstadt*, nisi apud Brisach ». Gengler, *Stadtrechtsaltertümer*, p. 44.
16. H. Pirenne, *L'origine des constitutions urbaines au Moyen Âge* (*Revue historique*, t. LVII, p. 12).
17. Murray, *New English Dictionary*, t. VIII, 2e part., p. 1136.
18. *Miracula. S. Womari. Mon. Germ. Hist. Script.*, t. XV, p. 841.

19. H. Pirenne. *Les villes flamandes avant le xiie siècle* (*Annales de l'Est et du Nord*, t. I, p. 22).
20. On peut faire la même observation pour les cités de Bavai et de Tongres qui avaient été à l'époque romaine des centres administratifs importants dans le Nord de la Gaule. N'étant situées sur aucun cours d'eau, elles ne profitèrent pas de la renaissance commerciale. Bavai a disparu au ixe siècle ; Tongres est resté jusqu'à nos jours sans aucune importance.
21. Je ne prétends pas naturellement que l'évolution se soit passée exactement dans toutes les villes de la même manière. Le faubourg marchand ne se distingue pas partout aussi nettement du bourg primitif que, par exemple, dans les villes flamandes. Suivant les circonstances locales, les marchands et les artisans immigrés se sont agglomérés de façons diverses. Je ne puis ici qu'indiquer les grandes lignes du sujet. Voir les observations de N. Ottokar, *Opiti po istorii franzouskich gorodov*, p. 244 (Perm, 1919).
22. En 1042, l'église des bourgeois à Saint-Omer est construite aux frais d'un certain Lambert qui est plus que probablement lui-même un bourgeois de la ville. A. Giry, *Histoire de Saint-Omer*, p. 369 (Paris, 1877). En 1110, la *Capella* d'Audenarde est élevée par les *cives*. Piot, *Cartulaire de l'abbaye d'Eename*, n°s 11, 12.
23. Voyez la carte de Bruges au commencement du xiie siècle dans H. Pirenne, *Histoire du meurtre de Charles le Bon par Galbert de Bruges* (Paris, 1891).
24. Boretius, *Capitularia regum francorum*, t. II, p. 405. Cf. Dümmler, *Jahrbücher des Fränkischen Reiches*, 2e édit., t. III, p. 129, n. 4.
25. À Bruges, au commencement du xiie siècle, la ville n'était encore défendue que par des palissades de bois.
26. Gand devait être déjà au xie siècle un centre de tissage puisque la *Vita Macarii* (*Mon. Germ. Hist. Script.*, t. XV, p. 616) parle des propriétaires des environs qui y amènent leurs laines.
27. Voir à cet égard le *Chronicon S. Andreae Castri Cameracesii*, *Mon. Germ. Hist. Script.*, t. VII, p. 540, et les *Gesta abbatum Trudonensium*. *Ibid.*, t. X, p. 310.
28. Au xie siècle, les *Miracula Sancti Bavonis* (*Mon. Germ. Hist. Script.*, t. XV, p. 594) signalent à Gand les « laici qui ex officio agnominabantur corrarii ». Il n'y a pas de doute que ces artisans y étaient arrivés du dehors.
29. H. Pirenne, *Les anciennes démocraties des Pays-Bas}}*, p. 225.
30. H. Labande, *Histoire de Beauvais*, p. 55 (Paris, 1892).
31. Voy. les textes très instructifs de Guiman, *Cartulaire de Saint-Vaast d'Arras*, éd. Van Drival (Arras, 1875). Au commencement du xiie siècle, l'abbaye divise en *mansiones* et *hostagia* son jardin, son verger, sa léproserie ainsi que le *vicus Ermenfredi* (p. 155, 157, 162).
32. Pour la condition de la propriété foncière dans les villes, voy. G. Des Marez, *Étude sur la propriété foncière dans les villes du Moyen Âge et spécialement en Flandre* (Gand, 1898). La plus ancienne mention que je connaisse de l'affranchissement du sol urbain remonte au commencement du xie siècle.
33. « Servus incognitus non inde extrahatur ; servus vero qui per veridicos homines servus probatus fuerit, tam de christianis quam de agarenis sine aliqua contentione detur domino suo ». Droit de Castrocalbon (1156) dans l'*Annuario de historia del derecho español*, t. I, p. 375 (Madrid, 1924). Malgré sa date relativement tardive et son origine espagnole, ce texte précise avec une grande netteté la situation qui, au début, a partout été celle des serfs immigrés dans les villes.

7
LES INSTITUTIONS URBAINES

C'est un milieu singulièrement compliqué, on le voit, un milieu extrêmement abondant en contrastes et fertile en problèmes de toutes sortes que nous présentent les villes naissantes. Entre les deux populations qui s'y juxtaposent sans se confondre, se révèle l'opposition de deux mondes distincts. L'ancienne organisation domaniale avec toutes les traditions, toutes les idées, tous les sentiments, qui, sans doute, ne sont pas nés d'elle, mais à qui elle communique leur nuance particulière se trouve aux prises avec des besoins et des aspirations qui la surprennent, qui la heurtent, auxquels elle n'est point adaptée et contre lesquels tout d'abord, elle se raidit.

Si elle cède du terrain, c'est malgré elle et parce que la situation nouvelle est due à des causes trop profondes et trop irrésistibles pour qu'il lui soit possible de n'en point subir les effets. Sans doute, les autorités sociales n'ont pu apprécier, tout d'abord, la portée des transformations qui s'opéraient autour d'elles. Méconnaissant leur force elles ont commencé par y résister. C'est plus tard seulement, et souvent trop tard, qu'elles se sont résignées à l'inévitable. Comme il arrive toujours le changement ne s'est opéré qu'à la longue. Et il serait injuste d'attribuer comme on l'a fait maintes fois, à la « tyrannie féodale » ou à « l'arrogance sacerdotale » une résistance qui s'explique par les motifs les plus naturels. Il est arrivé au Moyen Âge ce qui est arrivé si souvent depuis lors. Ceux qui bénéficiaient de l'ordre établi se sont attachés à le défendre non pas seulement et non pas tant peut-être parce qu'il garantissait leurs intérêts que parce qu'il leur semblait indispensable à la conservation de la société.

Remarquons, au surplus, que cette société, la bourgeoisie l'accepte. Ses revendications et ce que l'on pourrait appeler son programme politique ne visent aucunement à la renverser ; elle admet sans discuter les privilèges et l'autorité des princes, du clergé, de la noblesse. Elle veut obtenir seulement, parce que cela est indispensable à son existence, non point un bouleversement des choses, mais de simples concessions. Et ces concessions se bornent à ses besoins propres. Elle se désintéresse complètement de ceux de la population rurale dont elle est sortie. Bref, elle demande seulement à la société de lui faire une place compatible avec le genre de vie qu'elle mène. Elle n'est pas révolutionnaire, et s'il lui arrive d'être violente, ce n'est point par haine contre le régime, c'est tout simplement pour l'obliger à céder.

Il suffit de jeter un coup d'œil sur ses principales revendications pour se convaincre qu'elles ne vont pas au delà du nécessaire. C'est tout d'abord la liberté personnelle, qui assurera au marchand ou à l'artisan la possibilité d'aller, de venir et de résider où il le désire et de mettre sa personne comme celle de ses enfants à l'abri du pouvoir seigneurial. C'est ensuite l'octroi d'un tribunal spécial, grâce auquel le bourgeois échappera tout à la fois à la multiplicité des juridictions dont il relève et aux inconvénients que la procédure formaliste de l'ancien droit impose à son activité sociale et économique. C'est l'établissement dans la ville d'une paix, c'est à dire d'une législation pénale qui garantira la sécurité. C'est l'abolition des prestations les plus incompatibles avec la pratique du commerce et de l'industrie et avec la possession et l'acquisition du sol. C'est, enfin, un degré plus ou moins étendu d'autonomie politique et de *self-government* local.

Tout cela est d'ailleurs très loin de former un ensemble cohérent et de se justifier par des principes théoriques. Rien de plus étranger à l'esprit des bourgeoisies primitives qu'une conception quelconque des droits de l'homme et du citoyen. La liberté personnelle elle-même n'est point revendiquée comme un droit naturel. On ne la recherche que pour les avantages qu'elle confère. Cela est si vrai, qu'à Arras par exemple, les marchands tentent de se faire passer pour des serfs du monastère de Saint Vaast, afin de jouir de l'exemption du tonlieu qui est accordée à ceux-ci[1].

C'est depuis le début du xie siècle que l'on aperçoit les premières tentatives dirigées par la bourgeoisie contre l'ordre de choses dont elle souffre. Ses efforts désormais ne s'arrêteront plus. À travers des péripéties de tout genre, le mouvement de réforme tend irrésistiblement à son but, brise s'il le faut de haute lutte les résistances qu'on lui oppose et aboutit enfin, dans le courant du xiie siècle, à doter les villes des institutions municipales essentielles qui seront à la base de leurs constitutions.

On observe que partout les marchands prennent l'initiative et conservent la direction des événements. Rien de plus naturel que cela. N'étaient-ils pas dans la population urbaine l'élément le plus actif, le plus riche, le plus influent et ne supportaient-ils pas avec d'autant plus d'impatience une situation qui froissait à la fois leurs intérêts et leur confiance en eux-mêmes[2] ? On pourrait assez justement comparer le rôle qu'ils jouèrent alors, malgré l'énorme différence des temps et des milieux, à celui que la bourgeoisie capitaliste assuma depuis la fin du xviiie siècle dans la révolution politique qui mit fin à l'Ancien Régime. D'un côté comme de l'autre, le groupe social qui était le plus directement intéressé au changement prit la tête de l'opposition et fut suivi par la masse. La démocratie, au Moyen Âge comme dans les temps modernes, débuta par subir l'impulsion d'une élite et par imposer son programme aux confuses aspirations du peuple.

Les cités épiscopales furent tout d'abord le théâtre de la lutte. Et il serait certainement erroné d'attribuer ce fait à la personnalité des évêques. Un très grand nombre d'entre eux se distinguent, au contraire, par leur sollicitude éclairée pour le bien public. Il n'est pas rare de rencontrer dans leur sein des administrateurs excellents et dont la mémoire est restée populaire à travers les siècles. À Liége, par exemple, Notger (972-1008) attaque les châteaux des seigneurs pillards qui infestent les environs, détourne un bras de la Meuse pour assainir la ville et en augmente les fortifications[3]. Il serait facile de citer des faits analogues pour Cambrai, pour Utrecht, pour Cologne, pour Worms, pour Mayence et pour quantité de cités d'Allemagne où les empereurs s'efforcèrent jusqu'à la guerre des investitures de nommer des prélats également remarquables par leur intelligence et leur énergie.

Mais plus les évêques avaient conscience de leurs devoirs, plus aussi ils prétendirent défendre leur gouvernement contre les revendications de leurs sujets et les maintenir sous son régime autoritaire et patriarcal. La confusion dans leurs mains du pouvoir spirituel et du pouvoir temporel leur faisait apparaître d'ailleurs toute concession comme dangereuse pour l'Église. Il ne faut pas oublier non plus que leurs fonctions les obligeaient à résider d'une manière permanente dans leurs cités et qu'ils craignaient à bon droit les difficultés qu'entraînerait pour eux l'autonomie de la bourgeoisie au milieu de laquelle ils vivaient. Enfin nous avons déjà vu que l'Église était peu sympathique au commerce. Elle lui montrait une défiance qui devait naturellement la rendre sourde aux désirs des marchands et du peuple qui se groupait derrière eux, l'empêcher de comprendre leurs besoins et la faire s'illusionner sur leurs forces. De là des malentendus, des froissements et bientôt une hostilité réciproque qui, dès le commencement du xie siècle, aboutit à l'inévitable[4].

Le mouvement commença par l'Italie du Nord. Plus ancienne y était la vie commerciale, plus hâtives en furent les conséquences politiques. On connaît malheureusement très mal le détail des événements. Il est certain que l'agitation à laquelle l'Église était alors en proie ne laissa pas de les précipiter. Le peuple des villes prit parti passionnément pour les moines et les prêtres qui menaient campagne contre les mauvaises mœurs du clergé, attaquaient la simonie et le mariage des prêtres et condamnaient l'intervention de l'autorité laïque dans l'administration de l'Église. Les évêques nommés par l'empereur et compromis par cela même se trouvèrent ainsi en face d'une opposition en laquelle s'alliaient et se renforçaient mutuellement le mysticisme, les revendications des marchands et le mécontentement suscité par la misère parmi les travailleurs industriels. Il est certain que des nobles participèrent à cette agitation qui leur fournissait l'occasion de secouer la suzeraineté épiscopale, et firent cause commune avec les bourgeois et les Patarins, nom sous lequel les conservateurs désignaient avec mépris leurs adversaires.

En 1057, Milan, déjà à cette époque la reine des cités lombardes, était en pleine fermentation contre l'archevêque[5]. Les péripéties de la querelle des investitures propagèrent naturellement les troubles et leur donnèrent une tournure de plus en plus favorable aux insurgés à mesure que la cause du pape l'emportait sur celle de l'empereur. On établit sous le nom de « Consuls », des magistrats chargés de l'administration des cités, soit du consentement des évêques, soit par la violence[6]. Les premiers de ces Consuls qui soient mentionnés, mais non point sans doute les premiers qui aient existé, apparaissent à Lucques en 1080. Déjà en 1068 une « Cour communale » (*curtis communalis*) est signalée dans cette ville, symptôme caractéristique d'une autonomie urbaine qui devait exister certainement à la même date en bien d'autres endroits[7]. Les Consuls de Milan ne sont cités qu'en 1107, mais ils sont incontestablement beaucoup plus anciens. Dès cette première apparition, ils présentent nettement la physionomie de magistrats communaux. Ils se recrutent parmi les diverses classes sociales, c'est-à-dire parmi les *capitanei*, les *valvassores* et les *cives* et représentent le *commune civitatis*. Le plus caractéristique de cette magistrature, c'est son caractère annuel par quoi elle s'oppose nettement aux offices à vie qu'a seuls connus le régime féodal. Cette annalité des fonctions est la conséquence de leur nature élective. En s'emparant du pouvoir, la population urbaine le confie à des délégués nommés par elle. Ainsi s'affirme le principe du contrôle en même temps que celui de l'élection. La commune municipale, dès les premières tentatives d'organisation, se crée les instruments indispensables à son fonctionnement et s'engage sans hésiter dans la voie qu'elle n'a, point cessé de suivre depuis lors.

De l'Italie, le consulat s'est bientôt répandu aux villes de Provence, preuve évidente de son adaptation parfaite aux nécessités qui s'imposaient à la bourgeoisie. Marseille possède des consuls dès le commencement du xiie siècle et au plus tard en 1128[8], puis on en trouve à Arles et à Nîmes en attendant que peu à peu ils se répandent dans le midi de la France, au fur et à mesure que le commerce y gagne de proche en proche, et, avec lui, la transformation politique qu'il traîne à sa remorque.

Presque en même temps qu'en Italie, la région flamande et le Nord de la France voient se créer des institutions urbaines. Comment s'en étonner puisque comme la Lombardie, cette contrée a été le siège d'un puissant foyer commercial ? Ici, par bonheur, les sources sont plus abondantes et plus précises. Elles nous permettent de suivre, dans une clarté suffisante, la marche des événements. Les cités épiscopales n'y attirent pas exclusivement l'attention. À côté d'elles, d'autres centres d'activité se distinguent. Mais c'est dans les murs des cités que se sont formées ces « communes » dont il importe tout d'abord de distinguer la nature. La première en date et heureusement aussi la mieux connue est celle de Cambrai.

Pendant le xie siècle, la prospérité de cette ville s'était largement développée. Au pied de la cité primitive s'était groupé un faubourg commercial que l'on avait entouré, en 1070, d'un mur d'enceinte. La population de ce faubourg supportait impatiemment le pouvoir de l'évêque et de son châtelain. Elle se préparait en secret à la révolte lorsqu'en 1077 l'évêque Gérard II dut s'absenter pour aller recevoir en Allemagne l'investiture des mains de l'empereur. Il était à peine en chemin que, sous la direction des marchands les plus riches de la ville, le peuple s'insurgea, s'empara des portes et proclama la « commune » (*communio*). Les pauvres, les artisans, les tisserands surtout se lancèrent d'autant plus passionnément dans la lutte qu'un prêtre réformateur appelé Ramihrdus, leur dénonçait l'évêque comme simoniaque et excitait au fond de leur cœur, le mysticisme qui a la même époque, soulevait les Patarins lombards. Comme en Italie la ferveur religieuse communiqua sa force aux revendications politiques et la commune fut jurée au milieu de l'enthousiasme général[9].

Cette commune de Cambrai est la plus ancienne de toutes celles que l'on connaît au Nord des Alpes. Elle apparaît comme une organisation de lutte et une mesure de salut public. Il fallait s'attendre, en effet, au retour de l'évêque et se préparer à lui tenir tête. La nécessité d'une action unanime s'imposait. Un serment fut exigé de tous, établissant entre tous la solidarité indispensable, et c'est cette association jurée par les bourgeois, à la veille d'une bataille, qui constitue le trait essentiel de cette première commune.

Son succès d'ailleurs ne fut qu'éphémère. L'évêque, à la nouvelle des événements, se hâta d'accourir et il parvint à restaurer momentanément son autorité. Mais l'initiative des Cambrésiens leur suscita sans retard des imitateurs. Les années suivantes sont marquées par la constitution de communes dans la plupart des cités de la France du Nord : à Saint-Quentin vers 1080, à Beauvais vers 1099, à Noyon en 1108-1109, à Laon en 1115. Pendant les premiers temps, la bourgeoisie et les évêques vécurent en état d'hostilité permanente et pour ainsi dire sur pied de guerre. La force seule pouvait l'emporter entre des adversaires également convaincus de leur bon droit. Ives de Chartres exhorte les évêques à ne pas céder et considère comme nulles les promesses que, sous la pression de la violence, il leur arrive de faire aux bourgeois[10]. Guibert de Nogent, de son côté, parle avec un mépris haineux de ces « communes pestilentielles » que les serfs érigent contre leurs seigneurs pour se soustraire à leur autorité et leur arracher les droits les plus légitimes[11].

Malgré tout cependant, les communes l'emportèrent. Non seulement elles avaient la force que donne le nombre, mais la royauté, qui en France, à partir du règne de Louis VI, commence à regagner le terrain perdu par elle, s'intéresse à leur cause. De même que les papes, dans leur lutte contre les empereurs allemands, s'étaient appuyés sur les Patarins de Lombardie, de même les monarques capétiens du xiie siècle favorisèrent l'effort des bourgeoisies.

Sans doute il ne peut être question de leur attribuer une politique de principe. À première vue leur conduite semble pleine de contradictions. Il n'en est pas moins vrai que l'on y relève une tendance générale à prendre le parti des villes. L'intérêt bien entendu de la couronne lui commandait trop impérieusement de soutenir les adversaires de la haute féodalité pour qu'elle n'ait pas accordé son appui, chaque fois qu'elle l'a pu sans se compromettre, à ces bourgeoisies qui, en se soulevant contre leurs seigneurs, combattaient en somme au profit des prérogatives royales. Prendre le roi comme arbitre de leur querelle c'était pour les partis en conflit reconnaître sa souveraineté. L'entrée des bourgeoisies sur la scène politique eut ainsi pour conséquence d'affaiblir le principe contractuel de l'État féodal à l'avantage du principe autoritaire de l'État monarchique. Il était impossible que la royauté ne s'en rendît point compte et ne saisît point toutes les occasions de montrer sa bienveillance aux communes qui, sans le vouloir, travaillaient si utilement pour elle.

Si l'on désigne spécialement sous le nom de communes les villes épiscopales du Nord de la France où les institutions municipales ont été le résultat de l'insurrection, il importe de n'exagérer ni leur importance ni leur originalité. Il n'y a pas lieu d'établir une différence essentielle entre les villes à communes et les autres villes. Elles ne se distinguent les unes des autres que par des caractères accessoires. Au fond, leur nature est la même, et toutes en réalité sont également des communes. Dans toutes, en effet, les bourgeois forment un corps, une *universitas*, une *communitas*, une *communio*, dont tous les membres, solidaires les uns des autres, constituent les parties inséparables. Quelle que soit l'origine de son affranchissement, la ville du Moyen Âge ne consiste pas en une simple collection d'individus. Elle est elle-même un individu, mais un individu collectif, une personne juridique. Tout ce que l'on peut revendiquer en faveur des communes *stricto sensu*, c'est une netteté particulière des institutions, une séparation clairement établie entre les droits de l'évêque et ceux des bourgeois, une préoccupation évidente de sauvegarder la condition de ceux-ci par une puissante organisation corporative. Mais tout cela dérive des circonstances qui ont présidé à la naissance de ces communes. Elles ont conservé les traces de leur constitution insurrectionnelle, sans que l'on puisse pour cela leur assigner une place privilégiée dans l'ensemble des villes. On peut même observer que certaines d'entre elles ont joui de prérogatives moins étendues, d'une juridiction et d'une autonomie moins complètes que des localités dans lesquelles la commune n'a été que le point d'arrivée d'une évolution pacifique. C'est une erreur évidente que de leur réserver comme on le fait parfois, le nom de « seigneuries collectives ». On verra plus loin que toutes les villes complètement développées ont été de telles seigneuries.

La violence est donc bien loin d'être indispensable à la formation des institutions urbaines. Dans la plupart des villes soumises au pouvoir d'un prince laïque, leur croissance s'est accomplie en somme sans qu'il fût besoin de recourir à la force. Et il ne faut point attribuer cette situation à la bienveillance particulière que les princes laïques auraient éprouvée pour la liberté politique. Mais les motifs qui poussaient les évêques à résister aux bourgeois n'avaient point prise sur les grands féodaux. Ils ne professaient aucune hostilité à l'égard du commerce ; ils en éprouvaient, au contraire, les effets bienfaisants à mesure qu'il augmentait la circulation dans leurs terres, augmentant par cela même les revenus de leurs péages et l'activité de leurs ateliers monétaires, obligés de fournir à une demande croissante de numéraire. Ne possédant point de capitale et parcourant sans cesse leurs domaines, ils n'habitaient dans leurs villes que de loin en loin et n'avaient donc aucune raison d'en disputer l'administration aux bourgeois. Il est très caractéristique de constater que Paris, la seule ville qui avant la fin du xiie siècle puisse être considérée comme une véritable capitale d'État, ne parvint pas à obtenir une constitution municipale autonome. Mais l'intérêt qui poussait le roi de France à conserver la haute main sur sa résidence habituelle était complètement étranger aux ducs et aux comtes, aussi errants que le roi était sédentaire. Enfin ils ne pouvaient voir avec déplaisir la bourgeoisie s'en prendre au pouvoir des châtelains devenus héréditaires et dont la puissance les inquiétait.

Ils avaient en somme les mêmes motifs que le roi de France de se montrer favorables aux villes puisqu'elles amoindrissaient la situation de leurs vassaux. On ne voit point d'ailleurs qu'ils leur aient apporté systématiquement leur appui. Ils se bornèrent en général à les laisser faire et leur attitude fut presque toujours celle d'une neutralité bienveillante.

Aucune région ne se prête mieux que la Flandre à l'étude des origines municipales dans un milieu purement laïque. Dans ce grand comté, largement étendu des rives de la mer du Nord et des îles de Zélande jusqu'aux frontières de la Normandie, les cités épiscopales ne présentent pas un développement plus rapide que celui des autres villes. Térouanne, dont le diocèse comprenait le bassin de l'Yser, fut même et demeura toujours une bourgade à demi rurale. Si Arras et Tournai, qui étendaient leur juridiction spirituelle sur le reste du territoire, devinrent de grandes villes, c'est pourtant Gand, Bruges, Ypres, Saint-Omer, Lille et Douai où s'agglomèrent, dans le courant du xe siècle, d'actives colonies marchandes, qui nous fournissent le moyen d'observer, avec une clarté particulière, la naissance des institutions urbaines. Elles s'y prêtent d'autant mieux que toutes s'étant formées de la même manière et présentant le même type, on peut, sans crainte de se tromper, combiner les renseignements dont chacune nous fournit une partie, en un tableau d'ensemble[12].

Toutes ces villes offrent d'abord ce caractère de s'être formées autour d'un bourg central, qui en est, pour ainsi dire, le noyau. Au pied de ce bourg se masse un *portus* ou *nouveau bourg*, peuplé de marchands auxquels s'adjoignent des artisans libres ou serfs et où, dès le xie siècle, l'industrie drapière vient se concentrer. Sur le bourg comme sur le *portus* s'étend l'autorité du châtelain. Des parcelles plus ou moins considérables du sol occupé par la population immigrante appartiennent à des abbayes, d'autres relèvent du comte de Flandre ou de seigneurs fonciers. Un tribunal d'échevins siège dans le bourg sous la présidence du châtelain. Ce tribunal ne possède d'ailleurs aucune compétence propre à la ville. Sa juridiction s'étend sur toute la châtellenie dont le bourg est le centre, et les échevins qui le composent résident dans cette même châtellenie et ne viennent dans le bourg qu'aux jours de plaids. Pour la juridiction ecclésiastique de laquelle relèvent quantité d'affaires, il faut se rendre à la cour épiscopale du diocèse. Divers droits pèsent sur les terres et sur les hommes tant du bourg que du *portus* : cens fonciers, prestations en argent ou en nature destinées à l'entretien des chevaliers préposés à la défense du bourg, tonlieu perçu sur toutes les marchandises amenées par terre et par eau. Tout cela est de date ancienne, s'est formé en plein régime domanial et féodal et n'est aucunement adapté aux besoins nouveaux de la population marchande. N'étant point faite pour elle, l'organisation qui a son siège dans le bourg, non seulement ne lui rend point de services, mais, au contraire, la gêne dans son activité. Les survivances du passé pèsent de tout leur poids sur les nécessités du présent. Manifestement, pour les raisons que l'on a exposées plus haut et sur lesquelles il est inutile de revenir, la bourgeoisie se sent mal à l'aise et exige les réformes indispensables à sa libre expansion.

Ces réformes il faut qu'elle en prenne l'initiative, car elle ne peut compter pour les accomplir ni sur les châtelains ni sur les monastères et les seigneurs dont elle occupe les terres. Mais il faut aussi qu'au sein de la population si hétérogène des *portus* un groupe d'hommes s'impose à la masse et ait assez de force et de prestige pour en prendre la direction. Les marchands, dès la première moitié du xie siècle, assument résolument ce rôle. Non seulement ils constituent dans chaque ville l'élément le plus riche, le plus actif et le plus avide de changements, mais ils possèdent encore la vigueur que donne l'association. Les besoins du commerce les ont poussés de très bonne heure, on l'a vu plus haut, à se grouper en confréries appelées gildes ou hanses, corporations autonomes, indépendantes de tout pouvoir et où seule leur volonté fait loi. Des chefs librement élus, doyens ou comtes de la hanse (*dekenen, hansgraven*), y veillent au maintien d'une discipline librement acceptée. À intervalles réguliers, les confrères s'assemblent pour boire et délibérer sur leurs intérêts. Une caisse alimentée par leurs contributions pourvoit aux besoins de la société, une maison commune, une *gildhalle*, sert de local aux réunions. Telle nous apparaît déjà vers 1050 la gilde de Saint-Omer et l'on peut conjecturer avec la plus grande vraisemblance qu'une association analogue existait à la même époque dans toutes les agglomérations marchandes de la Flandre[13].

La prospérité du commerce était trop directement intéressée à la bonne organisation des villes pour que les confrères des gildes ne se soient pas spontanément chargés de pourvoir à leurs besoins les plus indispensables. Les châtelains n'avaient aucun motif de les empêcher de subvenir par leurs propres ressources à des nécessités dont l'urgence apparaissait avec évidence. Ils les laissèrent s'improviser, si l'on peut ainsi dire, en administrations communales officieuses. À Saint-Omer un arrangement conclu entre le châtelain Wulfric Rabel (1072-1083) et la gilde permet à celle-ci de s'occuper des affaires de la bourgeoisie. Ainsi, sans posséder pour cela aucun titre légal, l'association marchande se consacre de sa propre initiative à l'installation et à l'aménagement de la ville naissante. Son initiative supplée à l'inertie des pouvoirs publics. On la voit consacrer une partie de ses revenus à la construction d'ouvrages de défense et à l'entretien des rues. Et l'on ne peut douter que ses voisines des autres villes flamandes n'aient agi comme elle. Le nom de « comtes de la Hanse » que les trésoriers de la ville de Lille conservèrent pendant tout le Moyen Âge prouve suffisamment, en l'absence de sources anciennes, que là aussi, les chefs de la corporation marchande disposèrent de la caisse de la gilde au profit de leurs concitoyens. À Audenarde, le nom de *hansgraaf* est porté jusqu'au xive siècle par un magistrat de la commune. À Tournai, encore au xiiie siècle, les finances urbaines sont placées sous le contrôle de la charité Saint-Christophe, c'est à dire de la gilde marchande. À Bruges, les cotisations des frères de la hanse alimentèrent jusqu'à la disparition de celle-ci lors de la révolution démocratique du xive siècle, la caisse municipale. Il résulte de tout cela jusqu'à l'évidence que les gildes furent dans la région flamande, les initiatrices de l'autonomie urbaine. D'elles-mêmes, elles se chargèrent d'une tâche dont personne d'autre n'eût pu s'acquitter. Officiellement elles n'avaient aucun droit à agir comme elles le firent. Leur intervention s'explique uniquement par la cohésion qui existait entre leurs membres, par l'influence dont jouissait leur groupe, par les ressources dont il disposait, par l'intelligence enfin qu'il possédait des nécessités collectives de la population bourgeoise. On peut affirmer sans crainte d'exagérer que dans le courant du xie siècle, les chefs de la gilde remplissent, en fait, dans chaque ville, les fonctions de magistrats communaux.

Ce furent eux aussi, sans doute, qui intervinrent auprès des comtes de Flandre pour les intéresser au développement et à la prospérité des villes. Dès 1043, Baudouin V obtient des moines de Saint-Omer la concession du fond sur lequel les bourgeois construisent leur église. À partir du règne de Robert le Frison (1071-1093), des exemptions de tonlieu, des concessions de terre, des privilèges limitant la juridiction épiscopale ou allégeant le service militaire furent octroyés en nombre déjà considérable aux villes en formation. Robert de Jérusalem gratifie la ville d'Aire de « libertés » et exempte en 1111 les bourgeois d'Ypres du duel judiciaire.

Il résulte de tout cela que peu à peu la bourgeoisie apparaît comme une classe distincte et privilégiée au milieu de la population du comté. De simple groupe social adonné à l'exercice du commerce et de l'industrie, elle se transforme en un groupe juridique reconnu comme tel par le pouvoir princier. Et de cette condition juridique propre va découler nécessairement l'octroi d'une organisation judiciaire indépendante.

Au droit nouveau il fallait comme organe un tribunal nouveau. Les anciens échevinages territoriaux siégeant dans les bourgs et jugeant suivant une coutume archaïque, incapable d'assouplir son formalisme rigide aux besoins d'un milieu pour lequel elle n'était pas faite, devaient céder la place à des échevinages dont les membres, recrutés parmi les bourgeois, pourraient leur rendre une justice adéquate à leurs désirs, conforme à leurs aspirations, une justice enfin qui fut leur justice. Il est impossible de dire au juste quand s'accomplit ce fait essentiel. La plus ancienne mention que l'on possède en Flandre d'un échevinage urbain, c'est à dire d'un échevinage propre à une ville, remonte à l'année 1111 et est relative, à Arras. Mais il est permis de croire que des échevinages de cette espèce devaient exister déjà à la même époque dans des localités plus importantes telles que Gand, Bruges ou Ypres. Quoiqu'il en soit d'ailleurs, le commencement du xiie siècle a vu se constituer dans toutes les villes flamandes cette nouveauté essentielle. Les troubles qui suivirent l'assassinat du comte Charles le Bon, en 1127, permirent aux bourgeoisies de réaliser entièrement leur programme politique. Les prétendants au comté, Guillaume de Normandie puis Thierry d'Alsace, cédèrent, pour les rallier à leur cause, aux demandes qu'elles leur adressèrent.

La charte octroyée à Saint-Omer en 1127 peut être considérée comme le point d'aboutissement du programme politique des bourgeoisies flamandes[14]. Elle reconnaît la ville comme un territoire juridique distinct, pourvu d'un droit spécial commun à tous les habitants, d'un échevinage particulier et d'une pleine autonomie communale. D'autres chartes ratifièrent, dans le courant du xiie siècle, des franchises analogues à toutes les villes principales du comté. Leur situation fut désormais garantie et sanctionnée par des titres écrits.

Il faut se garder, d'ailleurs, d'attribuer aux chartes urbaines une importance exagérée. Ni en Flandre ni dans aucune autre région de l'Europe, elles ne renferment tout l'ensemble du droit urbain[15]. Elles se bornent à en fixer les lignes principales, à en formuler quelques principes essentiels, à trancher quelques conflits particulièrement importants. La plupart du temps, elles sont le produit de circonstances spéciales et elles n'ont tenu compte que des questions qui se débattaient au moment de leur rédaction. On ne peut pas les considérer comme le résultat d'un travail systématique et d'une réflexion législative semblables à ceux dont sont nés par exemple les constitutions modernes. Si les bourgeois ont veillé sur elles à travers les siècles avec une sollicitude extraordinaire, les conservant sous triple serrure dans des coffres de fer et les entourant d'un respect quasi superstitieux, c'est qu'elles étaient le palladium de leur liberté, c'est qu'elles leur permettaient, en cas de violation, de justifier leurs révoltes, mais ce n'est point qu'elles renfermaient l'ensemble de leur droit. Elles n'étaient pour ainsi dire que l'armature de celui-ci. Tout autour de leurs stipulations existait et allait se développant sans cesse une végétation touffue de coutumes, d'usages, de privilèges non écrits mais non moins indispensables.

Cela est si vrai que bon nombre de chartes prévoient elles-mêmes et reconnaissent à l'avance le développement du droit urbain. Galbert nous rapporte que le comte de Flandre accorda en 1127 aux bourgeois de Bruges : « *ut de die in diem consuetudinarias leges suas corrigerent* »[16], c'est à dire la faculté de compléter de jour en jour leurs coutumes municipales. Il y a donc beaucoup plus dans le droit urbain que ce qui en est contenu dans la teneur des chartes. Elles n'en précisent que des fragments. Elles sont pleines de lacunes ; elles ne se soucient ni d'ordre, ni de système. On ne peut espérer d'y rencontrer les principes fondamentaux dont est sortie l'évolution postérieure, comme par exemple le droit romain est sorti de la loi des XII tables.

Il est possible cependant en critiquant leurs données et en les complétant les unes par les autres, de caractériser dans ses traits essentiels le droit urbain du Moyen Âge tel qu'il s'est développé au cours du xiie siècle dans les diverses régions de l'Europe occidentale. Il n'est besoin de tenir compte, dès que l'on veut seulement en retracer les grandes lignes, ni de la différence des États, ni même de celle des nations. Le droit urbain est un phénomène de même nature que, par exemple, le droit féodal. Il est la conséquence d'une situation sociale et économique commune à tous les peuples. Suivant les pays, on y relève naturellement de nombreuses différences de détail. Le progrès a été beaucoup plus rapide en certains endroits qu'en certains autres. Mais dans son fond, l'évolution est partout la même et c'est uniquement de ce fond commun qu'il sera question dans les lignes suivantes.

Envisageons tout d'abord la condition des personnes telle qu'elle apparaît du jour où le droit urbain s'est définitivement dégagé. Cette condition est la liberté. Elle est un attribut nécessaire et universel de la bourgeoisie. Chaque ville à cet égard constitue une « franchise ». Tous les vestiges de la servitude rurale ont disparu dans ses murs. Quelles que soient les différences et même les contrastes que la richesse y établit entre les hommes, tous sont égaux quant à l'état civil. « L'air de la ville rend libre », dit le proverbe allemand (*Die Stadtluft macht frei*), et cette vérité s'observe sous tous les climats. La liberté était anciennement le monopole de la noblesse ; l'homme du peuple n'en jouissait qu'à titre exceptionnel. Par les villes elle reprend sa place dans la société comme un attribut naturel du citoyen. Il suffit désormais de résider à demeure sur le sol urbain pour l'acquérir. Tout serf qui pendant un an et un jour a vécu dans l'enceinte urbaine la possède à titre définitif. La prescription a aboli tous les droits que son seigneur exerçait sur sa personne et sur ses biens. La naissance importe peu. Quelle que soit la marque que l'enfant ait portée dans son berceau, elle s'efface dans l'atmosphère de la ville. La liberté dont au début les marchands avaient seuls joui en *fait*, est maintenant en *droit* le bien commun de tous les bourgeois.

S'il peut encore exister ça et là parmi eux quelques serfs, ceux-ci ne sont pas membres de la commune urbaine. Ce sont des serviteurs héréditaires des abbayes ou des seigneuries qui ont conservé dans les villes quelques terres échappant au droit municipal et où se prolonge l'ancien état de choses. Mais ces exceptions confirment la règle générale. Bourgeois et homme libre sont devenus des termes synonymes. La liberté est au Moyen Âge un attribut aussi inséparable de la qualité de citoyen d'une ville qu'elle l'est de nos jours de celle de citoyen d'un État.

Avec la liberté personnelle va de pair dans la ville, la liberté du sol.

La terre, en effet, dans une agglomération marchande ne peut rester immobile, retenue hors du commerce par les droits si lourds et si variés qui s'opposent à sa libre aliénation, qui l'empêchent de servir d'instrument de crédit et d'acquérir une valeur capitaliste. Cela est d'autant plus inévitable que la terre, dans la ville, change de nature. Elle est devenue un sol à bâtir. Elle se couvre rapidement de maisons serrées les unes contre les autres et qui en augmentent la valeur à mesure qu'elles se multiplient. Or, il va de soi que le propriétaire d'une maison acquière à la longue la propriété ou du moins la possession du fonds sur lequel elle est construite. Partout la vieille terre domaniale se transforme en propriété libre, en alleu censal. La tenure urbaine devient ainsi une tenure libre. Celui qui l'occupe n'est plus astreint qu'à des *cens* dus au propriétaire du fonds, lorsqu'il ne devient pas lui-même propriétaire. Il peut librement la transmettre, l'aliéner, la charger de *rentes* et la faire servir de gage aux capitaux qu'il emprunte. En vendant une rente sur sa maison, le bourgeois se procure le capital liquide dont il a besoin ; en achetant une rente sur la maison d'autrui, il s'assure un revenu proportionnel à la somme dépensée : il fait comme on dirait aujourd'hui un placement d'argent à intérêt. Comparée aux anciennes tenures féodales ou domaniales, la tenure en droit urbain, la tenure en *Weichbild*, en *Burgrecht*, comme on dit en Allemagne, en *bourgage* comme on dit en France, présente donc une originalité bien marquée. Placée dans des conditions économiques nouvelles, le sol urbain a fini par acquérir un droit nouveau approprié à sa nature. Sans doute les vieilles cours foncières n'ont pas disparu brusquement. L'affranchissement du sol n'a pas eu pour conséquence la spoliation des anciens propriétaires. À moins qu'on ne les ait rachetées, ils ont conservé les portions du sol dont ils étaient seigneurs. Mais la seigneurie qu'ils exercent encore sur elles n'entraîne plus la dépendance personnelle des tenanciers à leur égard.

Le droit urbain n'a pas supprimé seulement la servitude, personnelle et la servitude foncière, il a fait disparaître aussi les droits seigneuriaux et les redevances fiscales qui entravaient l'exercice du commerce et de l'industrie. Le tonlieu (*teloneum*) qui grevait si lourdement la circulation des biens était particulièrement odieux aux bourgeois et, de bonne heure, ils ont fait effort pour s'en affranchir. Le journal de Galbert nous montre que c'est là en Flandre, en 1127, une de leurs principales préoccupations. C'est parce que le prétendant

Guillaume de Normandie ne tient pas sa promesse de le leur abandonner qu'ils se soulèvent contre lui et appellent Thierry d'Alsace. Au cours du xiie siècle, partout, de gré ou de force, le tonlieu se modifie. Ici, il est racheté moyennant une rente annuelle, ailleurs, ses modes de perception sont transformés. Presque toujours il est placé plus ou moins complètement sous la surveillance et sous la juridiction de la ville. Ce sont ses magistrats qui exercent maintenant la police du commerce et se substituent aux châtelains et aux anciens fonctionnaires domaniaux dans la réglementation des poids et mesures, dans celle des marchés comme dans le contrôle de l'industrie.

Si le tonlieu s'est transformé en passant au pouvoir de la ville, il en est autrement d'autres droits seigneuriaux qui, incompatibles avec le libre fonctionnement de la vie urbaine, étaient irrémédiablement condamnés à disparaître. Je veux parler ici de ces traces que l'âge agricole a laissées sur la physionomie de la ville : fours et moulins banaux auxquels le seigneur obligeait les habitants à moudre leur blé et à cuire leur pain ; monopoles de toutes espèces en vertu de quoi il jouissait du privilège de vendre, sans concurrence, à certaines époques, le vin de ses vignobles ou la viande de ses bestiaux ; droit de gîte qui imposait aux bourgeois le devoir de lui fournir le logement et la subsistance lors de ses séjours dans la ville ; droit de réquisition par lequel il affectait à son service les bateaux ou les chevaux des habitants ; droit de ban, imposant à ceux-ci le devoir de le suivre à la guerre ; coutumes de toutes sortes et de toute origine réputées oppressives et vexatoires parce que désormais devenues inutiles, comme celle qui interdit l'établissement de ponts sur les cours d'eau ou celle qui astreint les habitants à subvenir à l'entretien des chevaliers composant la garnison du vieux-bourg. De tout cela, dès la fin du xiie siècle, il ne reste plus guère que le souvenir. Les seigneurs, après avoir essayé de la résistance, ont fini par céder. Ils ont compris à la longue que leur intérêt bien entendu leur commandait non d'entraver le développement des villes, pour se conserver quelques maigres revenus, mais de le favoriser en supprimant devant lui les obstacles. Ils arrivent à se rendre compte de l'antinomie de ces vieilles prestations avec l'état de choses nouveau et ils finissent par les qualifier eux-mêmes de « rapines » et d' « exactions ».

Comme la condition des personnes, le régime des terres et le système fiscal, le fond même du droit se transforme. La procédure compliquée et formaliste, les conjurateurs, les ordalies, le duel judiciaire, tous ces moyens de preuve primitifs qui laissent trop souvent le hasard ou la mauvaise foi décider de l'issue d'un procès, ne tardent pas à leur tour à s'adapter aux conditions nouvelles du milieu urbain. Les vieux contrats formels introduits par la coutume, disparaissent à mesure que la vie économique devient plus compliquée et plus active. Le duel judiciaire ne peut évidemment se maintenir longtemps au milieu d'une population de commerçants et d'artisans. Pareillement on remarque que, de bonne heure, la preuve par témoins se substitue devant la magistrature urbaine à la preuve par conjurateurs. Le *wergeld*, l'ancien prix de l'homme, fait place à un système d'amendes et de châtiments corporels. Enfin les délais judiciaires, si longs à l'origine, sont considérablement réduits. Et ce n'est pas seulement la procédure qui se modifie. Le contenu même du droit évolue parallèlement. En matière de mariage, de succession, de gage, de dettes, d'hypothèques, en matière de droit commercial surtout, toute une législation nouvelle est dans les villes en voie de formation et la jurisprudence de leurs tribunaux crée, de plus en plus abondante et précise, une coutume civile.

Le droit urbain n'est pas moins caractéristique au point de vue criminel qu'au point de vue civil. Dans ces agglomérations d'hommes de toute provenance que sont les villes, dans ce milieu où abondent les déracinés, les vagabonds et les aventuriers, une discipline rigoureuse est indispensable au maintien de la sécurité. Elle l'est également pour terroriser les voleurs et les bandits qui, dans toute civilisation, sont attirés vers les centres commerciaux. Cela est si vrai que déjà à l'époque carolingienne les cités, dans l'enceinte desquelles les gens les plus riches cherchaient un abri, apparaissent comme jouissant d'une paix spéciale[17]. C'est ce même mot de paix que l'on retrouve au xiie siècle comme désignant le droit criminel de la ville.

Cette paix urbaine est un droit d'exception, plus sévère, plus dur que celui du plat-pays. Il prodigue les châtiments corporels : pendaison, décapitation, castration, amputation de membres. Il applique dans toute sa rigueur la loi du talion : œil pour œil, dent pour dent. Il se propose évidemment de réprimer les délits par la terreur. Tous ceux qui franchissent les portes de la ville, qu'ils soient nobles, libres ou bourgeois, lui sont également soumis. Par lui, la ville se trouve pour ainsi dire en état de siège permanent. Mais en lui aussi, elle trouve un puissant instrument d'unification. Car il se superpose aux juridictions et aux seigneuries qui se partagent son sol, il leur impose à toutes sa règlementation impitoyable. Plus que la communauté des intérêts et de la résidence, il a contribué à égaliser la condition de tous les habitants fixés à l'intérieur du mur urbain. La bourgeoisie est essentiellement l'ensemble des *homines pacis*, des hommes de la paix. La paix de la ville (*pax ville*) est en même temps la loi de la ville (*lex ville*). Les emblèmes qui symbolisent la juridiction et l'autonomie de la ville sont avant tout des emblèmes de paix. Tels sont, par exemple, les croix ou les perrons qui s'élèvent sur les marchés, les beffrois (*bergfried*) dont la tour s'érige au sein des villes des Pays-Bas et du Nord de la France, les *Rolands* si nombreux dans l'Allemagne du Nord.

Grâce à la paix dont elle est dotée, la ville forme un territoire juridique distinct. Le principe de la territorialité du droit l'emporte, par elle, sur celui de la personnalité. Soumis tous également au même droit pénal, les bourgeois, fatalement, participeront tôt ou tard, au même droit civil. La coutume urbaine s'épanche jusqu'aux limites de la paix, et la ville forme dans l'enceinte de ses remparts, une communauté de droit.

La paix a, d'autre part, largement contribué à faire de la ville une commune. Elle a, en effet, pour sanction, le serment. Elle suppose une *conjuratio* de toute la population urbaine. Et le serment prêté par le bourgeois ne se réduit pas à une simple promesse d'obéissance à l'autorité municipale. Il entraîne des obligations étroites et impose le devoir strict de maintenir et de faire respecter la paix. Tout *juratus*, c'est à dire tout bourgeois assermenté, est obligé de prêter main forte au bourgeois appelant à l'aide. Ainsi, la paix établit entre tous ses membres une solidarité permanente. De là le terme de *frères* par lequel ils sont parfois désignés ou celui d'*amicitia* employé à Lille par exemple, comme synonyme de *pax*. Et puisque la paix s'étend à toute la population urbaine, celle-ci se trouve donc constituer une commune. Les noms mêmes que portent les magistrats municipaux en quantité d'endroits : « wardours de la paix » à Verdun, « reward de l'amitié » à Lille, « jurés de la paix » à Valenciennes, à Cambrai et dans bien d'autres villes, nous permettent de voir dans quels rapports intimes se trouvent la paix et la commune.

D'autres causes ont naturellement contribué à la naissance des communes urbaines. La plus puissante d'entre elles est le besoin ressenti par la bourgeoisie, de très bonne heure, de posséder un système d'impôts. Comment se procurer les sommes nécessaires aux travaux publics les plus indispensables et avant tout à la construction du mur de la ville ? Partout, la nécessité de bâtir ce rempart protecteur a été le point de départ des finances urbaines. Dans les villes du pays de Liége, l'impôt communal a porté jusqu'à la fin de l'Ancien Régime le nom caractéristique de « fermeté » (*firmitas*). À Angers, les plus anciens comptes municipaux sont ceux de la « clouaison, fortification et emparement » de la ville. Ailleurs, une partie des amendes est affectée *ad opus castri*, c'est à dire au profit de la fortification. Mais l'impôt a naturellement fourni l'essentiel des ressources publiques. Pour y soumettre les contribuables, il a fallu recourir à la contrainte. Chacun a été obligé de participer suivant ses moyens aux dépenses faites dans l'intérêt de tous. Qui se refuse à supporter les frais qu'elles entraînent, est exclu de la ville. Celle-ci est donc une association obligatoire, une personne morale. Suivant l'expression de Beaumanoir, elle forme une « compaignie, laquelle ne pot partir ne desseurer, ançois convient qu'elle tiègne, voillent les parties ou non qui en le compaignie sont[18] », c'est-à-dire, une compagnie qui ne peut se dissoudre, mais qui doit subsister indépendamment de la volonté de ses membres. Et cela revient à dire que, de même qu'elle forme un territoire juridique, elle forme une commune.

Il reste à examiner les organes par lesquels elle a pourvu aux besoins que lui imposait sa nature.

Tout d'abord, en tant que territoire juridique indépendant, elle doit de toute nécessité posséder sa juridiction propre. Le droit urbain renfermé dans ses murs s'opposant au droit régional, au droit du dehors, il faut qu'un tribunal spécial soit chargé de l'appliquer et que la commune possède, grâce à lui, la garantie de sa situation privilégiée. C'est une clause qui ne manque presque à aucune charte municipale que la bourgeoisie ne peut être jugée que par ses magistrats. Ceux-ci, par une conséquence nécessaire, se recrutent dans son sein. Il est indispensable qu'ils soient membres de la commune, qui, dans une mesure plus ou moins large, intervient dans leur nomination. Ici, elle a le droit de les désigner au seigneur, ailleurs, on applique le système plus libéral de l'élection ; ailleurs encore, on a recours à des formalités compliquées : élections à plusieurs degrés, tirage au sort, etc., qui ont manifestement pour but d'écarter la brigue et la corruption. Le plus souvent, le président du tribunal (écoutète, maire, bailli, etc.) est un officier du seigneur. Il arrive pourtant que la ville détermine son choix. Elle possède en tout cas, une garantie dans le serment qu'il doit prêter de respecter et de défendre ses privilèges.

Dès le commencement du xiie siècle, parfois même vers la fin du xie, plusieurs villes nous apparaissent déjà en possession de leur tribunal privilégié. En Italie, dans le Sud de la France, dans plusieurs parties de l'Allemagne, ses membres portent le nom de consuls. Dans les Pays-Bas, dans la France du Nord, ils sont désignés sous celui d'échevins ; ailleurs encore on les appelle jurés. Suivant les localités, la juridiction qu'ils exercent varie aussi assez sensiblement. Ils ne la possèdent point partout sans restriction. Il arrive que le seigneur se réserve certains cas spéciaux. Mais ces différences locales importent peu. L'essentiel, c'est que chaque ville, par cela même qu'elle est reconnue comme un territoire juridique, possède ses juges particuliers. Leur compétence est fixée par le droit urbain et limitée au territoire dans lequel il règne. Parfois on observe que, au lieu d'un seul corps de magistrats, il en existe plusieurs, doués d'attributions spéciales. Dans beaucoup de villes et particulièrement dans les villes épiscopales, où les institutions urbaines ont été le résultat de l'insurrection, on remarque à côté des échevins, sur lesquels le seigneur conserve une influence plus ou moins grande, un corps de jurés jugeant en matière de paix et spécialement compétents pour les affaires ressortissant au statut communal. Mais il est impossible d'entrer ici dans le détail : il suffit d'avoir indiqué l'évolution générale, indépendamment de ses innombrables modalités.

En tant que commune, la ville s'administre par un Conseil (*Consilium, curia*, etc.). Ce conseil coïncide souvent avec le tribunal, et les mêmes personnes sont à la fois juges et administrateurs de la bourgeoisie. Souvent aussi, il possède son individualité propre. Ses membres reçoivent de la commune l'autorité qu'ils détiennent. Ils sont ses délégués, mais elle n'abdique pas entre leurs mains. Nommés pour un temps très court, ils ne peuvent usurper le pouvoir qui leur est confié. Ce n'est qu'assez tard, quand la constitution urbaine s'est développée, quand l'administration s'est compliquée, qu'ils se forment en un véritable collège sur lequel l'influence du peuple ne se fait plus sentir que faiblement. Au début il en allait tout autrement. Les jurés primitifs chargés du soin de veiller au bien public n'étaient que des mandataires très semblables aux *select men* des villes américaines de nos jours, simples exécuteurs de la volonté collective. Ce qui le prouve, c'est qu'à l'origine il leur manque un des caractères essentiels de tout corps constitué, je veux dire une autorité centrale, un président. Les bourgmestres et les maires communaux sont, en effet, de création relativement récente. On ne les rencontre guère avant le xiiie siècle. Ils appartiennent à une époque où l'esprit des institutions tend à se modifier, où l'on sent le besoin d'une centralisation plus grande et d'un pouvoir plus indépendant.

Le Conseil exerce l'administration courante dans tous les domaines. Il possède la police des finances, du commerce, de l'industrie, décrète et surveille les travaux publics, organise le ravitaillement de la ville, réglemente l'équipement et la bonne tenue de l'armée communale, fonde des écoles pour les enfants, pourvoit à l'entretien d'hospices pour les pauvres et les vieillards. Les statuts qu'il édicte constituent une véritable législation municipale. On n'en possède guère, au Nord des Alpes, qui soient antérieurs au xiiie siècle. Mais il suffit de les étudier attentivement pour se convaincre qu'ils ne font que développer et préciser un régime plus ancien.

Nulle part, peut-être, l'esprit novateur et le sens pratique des bourgeoisies ne se manifeste plus hautement que dans le domaine administratif. L'œuvre qu'elles ont réalisée y apparaît d'autant plus admirable qu'elle constitue une création originale. Rien dans l'état de choses antérieur ne pouvait lui servir de modèle, puisque tous les besoins auxquels il fallait parer étaient des besoins nouveaux. Que l'on compare, par exemple, le système financier de l'époque féodale avec celui que les communes urbaines ont institué. Dans le premier, l'impôt n'est qu'une prestation fiscale, un droit fixe et perpétuel ne tenant aucun compte des facultés du contribuable, ne pesant que sur le peuple, et dont le produit se confond avec les ressources domaniales du prince ou du seigneur qui le perçoit, sans que rien en soit directement affecté à l'intérêt public. Le second, au contraire, ne connaît, ni exceptions ni privilèges. Tous les bourgeois jouissant également des avantages de la commune, sont également astreints à subvenir à ses dépenses. La quote part de chacun d'eux est proportionnelle à sa fortune. Au début, elle est généralement calculée d'après le revenu. Beaucoup de villes sont restées fidèles à cette pratique jusqu'à la fin du Moyen Âge. D'autres y ont substitué l'accise, c'est à dire l'impôt indirect portant sur les objets de consommation et spécialement sur les denrées alimentaires de sorte que le riche et le pauvre sont taxés suivant leurs dépenses. Mais cette accise urbaine ne se rattache en rien à l'ancien tonlieu. Elle est aussi souple qu'il est rigide, aussi variable suivant les circonstances ou les besoins publics, qu'il est immuable. Quelle que soit d'ailleurs la forme qu'il affecte, le produit de l'impôt est tout entier consacré aux nécessités de la commune. Dès la fin du xiie siècle, le contrôle financier est institué et l'on observe dès cette époque les premières traces d'une comptabilité municipale.

Le ravitaillement de la ville et la réglementation du commerce et de l'industrie témoignent plus manifestement encore de l'aptitude à résoudre les problèmes sociaux et économiques que posaient aux bourgeoisies leurs conditions d'existence. Elles avaient à pourvoir à la subsistance d'une population considérable obligée de tirer ses vivres du dehors, à protéger les artisans contre la concurrence étrangère, à organiser leur approvisionnement en matières premières, à assurer l'exportation de leurs fabricats. Elles y sont arrivées par une réglementation si merveilleusement adaptée à son but qu'on peut la considérer dans son genre comme un chef-d'œuvre. L'économie urbaine est digne de l'architecture gothique dont elle est contemporaine. Elle a créé de toutes pièces et je dirais volontiers qu'elle a créé *ex nihilo* une législation sociale plus complète que celle d'aucune autre époque de l'histoire y compris la nôtre. En supprimant les intermédiaires entre l'acheteur et le vendeur, elle a assuré aux bourgeois le bienfait de la vie à bon marché, elle a impitoyablement poursuivi la fraude, protégé le travailleur contre la concurrence et l'exploitation, réglementé son labeur et son salaire, veillé à son hygiène, pourvu à l'apprentissage, empêché le travail des femmes et des enfants, en même temps qu'elle a réussi à réserver à la ville le monopole de fournir de ses produits les campagnes environnantes et à trouver au loin des débouchés à son commerce[19].

Tout cela aurait été impossible si l'esprit civique des bourgeoisies n'avait été à la hauteur des tâches qui s'imposaient à elles. Il faut, en effet, remonter jusqu'à l'Antiquité pour trouver autant de dévouement à la chose publique que celui dont elles ont fait preuve. *Unus subveniet alteri tamquam fratri suo*, que l'un aide l'autre comme un frère, dit une charte flamande du xiie siècle[20], et ces mots ont été vraiment une réalité. Dès le xiie siècle, les marchands dépensent une partie considérable de leurs profits dans l'intérêt de leurs concitoyens, fondent des hôpitaux, rachètent des tonlieux. L'amour du gain s'allie chez eux au patriotisme local. Chacun est fier de sa ville et se dévoue spontanément à sa prospérité. C'est qu'en réalité chaque existence particulière dépend étroitement de l'existence collective de l'association municipale. La commune du Moyen Âge possède, en effet, les attributions que l'État exerce aujourd'hui. Elle garantit à chacun de ses membres la sécurité de sa personne et de ses biens. En dehors d'elle, il se trouve dans un monde hostile, entouré de dangers et exposé à tous les hasards. Chez elle seulement, il est à l'abri et il éprouve pour elle une gratitude qui confine à l'amour. Il est prêt à se dévouer à sa défense, de même qu'il est toujours prêt à l'orner et à la faire plus belle que ses voisines. Les admirables cathédrales que le xiiie siècle a vu s'y élever ne seraient pas concevables sans l'empressement joyeux avec lequel les bourgeois ont contribué à leur construction. Elles ne sont point seulement les maisons de Dieu, elles glorifient encore la ville dont elles font le plus bel ornement et que leurs tours majestueuses annoncent au loin. Elles ont été pour les villes du Moyen Âge, ce que les temples ont été pour celles de l'Antiquité.

À l'ardeur du patriotisme local répond son exclusivisme. Par cela même que chaque ville arrivée au terme de son développement constitue une république ou si l'on préfère une seigneurie collective, elle ne voit dans les autres villes que des rivales ou des ennemies. Elle ne peut s'élever au-dessus de la sphère de ses intérêts propres. Elle se concentre sur elle-même et le sentiment qu'elle porte à ses voisines rappelle d'assez près, dans un cadre plus étroit, le nationalisme de nos jours. L'esprit civique qui l'anime est singulièrement égoïste. Elle se réserve jalousement les libertés dont elle jouit dans ses murs. Les paysans qui l'entourent ne lui apparaissent point du tout comme des compatriotes. Elle ne songe qu'à les exploiter à son profit. Elle veille de toutes ses forces à les empêcher de se livrer à la pratique de l'industrie dont elle se réserve le monopole ; elle leur impose le devoir de la ravitailler et elle les soumettrait à un protectorat tyrannique si elle en avait la force. Elle l'a fait d'ailleurs partout où elle l'a pu, en Toscane par exemple, où Florence a soumis à son joug les campagnes avoisinantes.

Au surplus, nous touchons ici à des événements qui ne se déploieront avec toutes leurs conséquences qu'à partir du début du xiiie siècle. Il nous suffit d'avoir indiqué rapidement une tendance qui ne fait encore que se manifester à l'époque des origines. Notre dessein n'était que de caractériser la ville du Moyen Âge après en avoir décrit la formation. Encore une fois, nous n'avons pu qu'en marquer les traits principaux et la physionomie que nous en avons esquissée, ressemble à ces figures obtenues en photographiant les uns sur les autres des portraits superposés. Les contours en expriment un visage commun à tous et n'appartenant exactement à aucun d'eux.

Si l'on voulait, en terminant ce trop long chapitre, résumer en une définition ses points essentiels, peut-être serait-il possible de dire que la ville du Moyen Âge, telle qu'elle apparaît dès le xiie siècle, est une commune vivant, à l'abri d'une enceinte fortifiée, du commerce et de l'industrie et jouissant d'un droit, d'une administration et d'une jurisprudence d'exception, qui font d'elle une personnalité collective privilégiée.

---

1. H. Pirenne, *L'origine des constitutions urbaines au Moyen Âge* (*Revue historique*, t. LVII, p. 25-34).
2. *Ibid.*
3. G. Kurth, *Notger de Liége et la civilisation au xe siècle* (Bruxelles, 1905).
4. H. Pirenne, *Les anciennes démocraties des Pays-Bas*, p. 35 ; F. Keutgen, *Aemter und Zünfte* (Iena, 1903), p. 75. On trouve dans le clergé anglais la même hostilité à l'égard des bourgeoisies que dans les clergés allemand et français. K. Hegel, *Stadte und Gilden der Germanischen Völker*, t. I, p. 73 (Leipzig, 1891).
5. Hauck, *Kirchengeschichte Deutschlands*, t. III, p. 692.
6. K. Hegel, *Geschichte des Städteverfassung von Italien*, t. II, p. 137 (Leipzig, 1847). Pour l'origine du consulat avant la période
7. Davidsohn, *Geschichte von Florenz*, t. I, p. 345-350 (Berlin, 1896-1908).
8. F. Kiener, *Verfassungsgeschichte der Provence*, p. 164.
9. Reinecke, *Geschichte der Stadt Cambrai* (Marburg, 1896).
10. Labande, *Histoire de Beauvais*, p. 55.
11. Guibert de Nogent, *De vita sua*, éd. G. Bourgin, p. 156 (Paris, 1907).
12. H. Pirenne, *Les villes flamandes avant le xiie siècle* (*Revue de l'Est et du Nord*, t. I [1905], p. 9) ; *Anciennes démocraties des Pays-Bas*, p. 82 ; *Histoire de Belgique*, t. I (4e édit.), p. 171.
13. G. Espinas et H. Pirenne, *Les coutumes de la Gilde marchande de Saint-Omer* (*Le Moyen Âge*, 1901, p. 196) ; H. Pirenne, *La hanse flamande de Londres* (*Bulletin de l'Académie royale de Belgique, Classe des Lettres*, 1899, p. 65). Pour le rôle des gildes en Angleterre, comparez l'ouvrage fondamental de Ch. Gross, *The Gild Merchant* (Oxford, 1890). Voy. aussi K. Hegel, *Stadte und Gilden der Germanischen Völker* (Leipzig, 1891) ; H. Vander Linden, *Les gildes marchandes dans les Pays-Bas au Moyen Âge* (Gand, 1890) ; C. Koehne, *Das Hansgrafenamt* (Berlin, 1893).
14. A. Giry, *Histoire de la ville de Saint-Omer*, p. 371.
15. N. P. Ottokar, *Opiti po istorii franzouskich gorodov*.
16. Galbert, *Histoire du meurtre de Charles le Bon, comte de Flandre*, éd. Pirenne, p. 87.
17. *Capitularia regum Francorum*, éd. Boretius, t. II, p. 405.
18. Beaumanoir, *Coutumes de Beauvaisis*, § 646, éd. Salmon, t. I, p. 322 (Paris, 1899).

19. On devra consulter, pour se faire une idée de la richesse de la réglementation urbaine à cet égard l'ouvrage monumental de G. Espinas, *La vie urbaine de Douai au Moyen Âge* (Paris, 1913, 4 vol.).
20. Charte de la ville d'Aire, de 1188. Warnkoenig, *Flandrische Staats und Rechtsgeschichte*, t. III, appendice, p. 22 (Tubingen, 1842).

8

L'INFLUENCE DES VILLES SUR LA CIVILISATION EUROPÉENNE

La naissance des villes marque le début d'une ère nouvelle dans l'histoire interne de l'Europe Occidentale. La société n'avait comporté jusqu'alors que deux ordres actifs : le clergé et la noblesse. En prenant place à côté d'eux, la bourgeoisie la complète ou plutôt l'achève. Sa composition désormais ne changera plus jusqu'à la fin de l'Ancien Régime : elle possède tous ses éléments constitutifs, et les modifications par lesquelles elle passera au cours des siècles, ne sont à vrai dire que les combinaisons diverses de leur alliage.

Comme le clergé et comme la noblesse, la bourgeoisie est elle-même un ordre privilégié. Elle forme une classe juridique distincte, et le droit spécial dont elle jouit l'isole de la masse du peuple rural qui continue à former l'immense majorité de la population. Bien plus, nous l'avons déjà dit, elle s'efforce de conserver intacte sa situation exceptionnelle et de s'en réserver exclusivement le bénéfice. La liberté telle qu'elle la conçoit, est un monopole. Rien n'est moins libéral que l'esprit de caste qui fait sa force en attendant qu'il devienne pour elle, à la fin du Moyen Âge, une cause de faiblesse. Pourtant à cette bourgeoisie si exclusive était réservée la mission de répandre autour d'elle la liberté et de devenir, sans l'avoir voulu, l'occasion de l'affranchissement graduel des classes rurales. Le fait seul de son existence devait, en effet, agir immédiatement sur celles-ci, et, petit à petit, atténuer le contraste qui, au début, les séparait d'elle-même. Elle eut beau s'ingénier à les maintenir sous son influence, leur refuser la participation à ses privilèges, les exclure de l'exercice du commerce et de l'industrie, elle n'eut pas la force d'arrêter une évolution dont elle était la cause et qu'elle n'aurait pu supprimer qu'en disparaissant.

La formation des agglomérations urbaines ébranla tout de suite l'organisation économique des campagnes. La production telle qu'elle y était pratiquée n'avait servi jusqu'alors qu'à subvenir à l'existence du paysan et aux prestations dues à son seigneur. Depuis la cessation du commerce, rien ne le sollicitait à demander au sol un surplus dont il lui eût été impossible de se défaire puisqu'il ne disposait plus de débouchés. Il se contentait de parer à sa vie journalière, certain du lendemain et ne souhaitant aucune amélioration de son sort, parce qu'il n'en pouvait concevoir la possibilité. Les petits marchés des cités et des bourgs étaient trop insignifiants, leur demande au surplus trop régulière, pour l'exciter à sortir de sa routine et à augmenter son labeur. Or, voilà que ces marchés s'animent, que le nombre des acheteurs s'y multiplie et que tout à coup la certitude lui apparaît de pouvoir y écouler les denrées qu'il y amènera. Comment n'eût-il pas profité d'une occasion aussi favorable ? Il ne dépend que de lui de vendre s'il produit suffisamment, et aussitôt il laboure les terres que jusqu'alors il a laissées en friche. Son travail prend une signification nouvelle. Il lui permet le profit, l'économie et une vie plus confortable à mesure qu'elle sera plus active. Sa situation est d'autant plus favorable que tout le surcroît des revenus du sol lui appartient en propre. Car les droits du seigneur étant fixés par la coutume domaniale à un taux immuable, l'augmentation de la rente foncière ne profite qu'au tenancier.

Mais le seigneur dispose lui aussi des moyens de bénéficier de la situation nouvelle où la formation des villes place les campagnes. Il possède d'énormes réserves de terrains incultes, bois, landes, marais ou bruyères. Rien de plus indiqué que de les mettre en culture et de participer ainsi, grâce à eux, à ces débouchés nouveaux qui deviennent de plus en plus rémunérateurs à mesure que les villes grandissent et se multiplient. L'accroissement de la population fournira les bras nécessaires aux travaux de défrichement et d'assèchement. Il suffit d'appeler des hommes : ils ne manqueront pas de se présenter. Dés la fin du xie siècle, le mouvement apparaît déjà en pleine vigueur. Des monastères, des princes territoriaux transforment dès lors les parties stériles de leurs domaines en terres de rapport. La surface du sol cultivé qui, depuis la fin de l'Empire romain, n'a plus augmenté, va s'élargissant sans cesse. Les bois s'éclaircissent. L'ordre de Cîteaux entre dès son origine dans la voie nouvelle. Au lieu de conserver pour ses terres la vieille organisation domaniale, il se plie intelligemment à l'état de choses nouveau. Il adopte le principe de la grande culture, et, suivant les régions, s'attache à la production la plus rémunératrice. En Flandre, où les besoins des villes sont d'autant plus nombreux qu'elles sont plus riches, il pratique l'élève du gros bétail. En Angleterre, il se consacre spécialement à celui des moutons, dont ces mêmes villes de Flandre consomment la laine en quantités de plus en plus considérables.

Cependant, de tous côtés, seigneurs laïques ou ecclésiastiques fondent des « villes neuves ». On appelle ainsi un village établi en terrain vierge et dont les occupants recevront des lots de terre moyennant une rente annuelle. Mais ces villes neuves, dont le nombre ne cesse de grandir dans le courant du xiie siècle, sont en même temps des « villes libres ». Car, pour attirer les cultivateurs, le seigneur leur promet l'exemption des charges qui pèsent sur les serfs. Il ne se réserve en général sur eux que la juridiction. Il abolit en leur faveur les vieux droits qui subsistent encore dans l'organisation domaniale. La charte de Lorris (1155) dans le Gâtinais, celle de Beaumont en Champagne (1182), celle de Prisches dans le Hainaut (1158) nous fournissent des types particulièrement intéressants de chartes de villes neuves et qui se sont largement répandues dans les contrées voisines. Il en est de même de celle de Breteuil en Normandie qui a été transportée dans le courant du xiie siècle, à bon nombre de localités d'Angleterre, du pays de Galles et même d'Irlande.

Ainsi un nouveau type de paysan apparaît, bien différent de l'ancien. Celui-ci avait pour caractéristique la servitude ; celui-là est doué de la liberté. Et cette liberté, dont la cause est l'ébranlement économique communiqué par les villes à l'organisation des campagnes, est elle-même copiée sur celle des villes. Les habitants des villes neuves sont, à vrai dire, des bourgeois ruraux. Ils portent même dans bon nombre de chartes, le nom de *burgenses*. Ils reçoivent une constitution judiciaire et une autonomie locale qui sont manifestement empruntées aux institutions urbaines, si bien que celles-ci débordent pour ainsi dire de l'enceinte des murailles pour se répandre sur les campagnes et leur communiquer la liberté.

Et cette liberté, faisant de nouveaux progrès, ne tarde pas à s'insinuer jusque dans les vieux domaines dont la constitution archaïque ne peut plus se maintenir au milieu d'une société rénovée. Soit par affranchissement volontaire, soit par prescription ou usurpation, les seigneurs la laissent se substituer graduellement à la servitude qui si longtemps avait été la condition normale de leurs tenanciers. Le statut des hommes se transforme en même temps que le régime des terres, puisque l'un et l'autre n'étaient que la conséquence d'une situation économique en voie de disparaître. Le commerce fournit maintenant à tous les besoins auxquels les domaines s'étaient si longtemps efforcés de subvenir par eux-mêmes. Il n'est plus indispensable que chacun d'eux produise toutes les denrées servant à son usage. Il suffit de se rendre à la ville voisine pour se les procurer. Les abbayes des Pays-Bas, qui avaient été dotées par leurs bienfaiteurs de vignobles situés soit en France, soit aux bords du Rhin et de la Moselle et d'où elles faisaient venir le vin nécessaire à leur consommation, vendent à partir du commencement du xiiie siècle ces propriétés devenues inutiles et dont l'exploitation et l'entretien leur coûtent désormais plus qu'elles ne rapportent[1].

Aucun exemple n'illustre mieux la disparition fatale de l'ancien système domanial dans une époque transformée par le commerce et l'économie urbaine. La circulation qui devient de plus en plus intense favorise nécessairement la production agricole, disloque les cadres qui l'avaient enfermée jusqu'alors, l'entraîne vers les villes, la modernise et en même temps l'affranchit. Elle détache l'homme du sol auquel il avait été si longtemps assujetti. Elle substitue de plus en plus largement le travail libre au travail servile. Ce n'est plus que dans les régions écartées des grandes voies commerciales que se perpétue dans sa rigueur primitive l'ancien servage personnel et avec lui les formes anciennes de la propriété domaniale. Partout ailleurs, il disparaît d'autant plus vite et d'autant plus rapidement que les villes sont plus nombreuses. En Flandre, par exemple, c'est à peine s'il subsiste encore au commencement du xiiie siècle. Certes il s'en conserve certains vestiges. Jusqu'à la fin de l'Ancien Régime, on rencontre çà et là des hommes soumis au droit de morte-main ou astreints à la corvée, et des terres grevées de divers droits seigneuriaux. Mais ces survivances du passé n'ont plus qu'une importance purement financière. Ce sont presque toujours de simples taxes et celui qui les paye n'en possède pas moins pour cela une entière liberté personnelle.

L'affranchissement des classes rurales n'est qu'une des conséquences provoquées par la renaissance économique dont les villes ont été tout ensemble le résultat et l'instrument. Il coïncide avec l'importance croissante du capital mobilier. Durant l'époque domaniale du Moyen Âge, il n'y avait eu d'autre richesse que celle qui repose sur la propriété foncière. Elle assurait à la fois à son détenteur la liberté personnelle et l'ascendant social. Elle était la garantie de la situation privilégiée du clergé et de la noblesse. Détenteurs exclusifs de la terre, ils vivaient du travail de leurs tenanciers qu'ils protégeaient et qu'ils dominaient. La servitude des masses était la conséquence nécessaire d'une organisation sociale où il n'y avait d'autre alternative que celle de posséder le sol et d'être seigneur, ou de le labourer et d'être serf.

Or, avec la bourgeoisie, prend place au soleil une classe d'hommes dont l'existence est en contradiction flagrante avec cet ordre de choses. Car elle est dans toute la force du terme une classe de déracinés et pourtant elle est une classe d'hommes libres. La terre sur laquelle elle s'établit, non seulement elle ne la cultive pas, mais elle n'en est pas non plus propriétaire. Par elle se manifeste et s'affirme, avec une force croissante, la possibilité de vivre et de s'enrichir par le seul fait de vendre ou de produire des valeurs d'échange.

Le capital foncier avait été tout, et voilà qu'à côté de lui s'affirme la force du capital mobilier. Jusqu'alors l'argent monnayé avait été stérile. Les grands propriétaires laïques ou ecclésiastiques aux mains desquels se monopolisait le très faible stock du numéraire en circulation, soit par les cens qu'ils percevaient de leurs tenanciers, soit par les aumônes que les fidèles apportaient aux églises, ne possédaient normalement aucun moyen de le faire fructifier. Sans doute, il arrivait que des monastères, en temps de famine, consentissent des prêts usuraires à des nobles en détresse qui leur engageaient leurs terres[2]. Mais ces opérations, interdites d'ailleurs par le droit canonique, n'étaient que des expédients occasionnels. En règle générale, l'argent était thésaurisé par ses détenteurs et le plus souvent transformé en vaisselle ou en ornements d'Église, qu'on faisait fondre en cas de besoin. Le commerce libéra cet argent captif et le ramena à sa destination. Grâce à lui, il redevint l'instrument des échanges et la mesure des valeurs, et puisque les villes étaient les centres du commerce, il afflua nécessairement vers elles. En circulant, il multiplia sa puissance par le nombre des transactions auxquelles il servait. L'usage en même temps s'en généralisa ; les payements en nature firent place de plus en plus aux payements en monnaie.

Et une nouvelle notion de la richesse apparut : celle de la richesse marchande, consistant non plus en terres, mais en argent ou en denrées commerciales appréciables en argent[3]. Dès le courant du xie siècle, de véritables capitalistes existaient déjà dans bon nombre de villes. Nous en avons cité plus haut des exemples sur lesquels il est inutile de revenir ici. De très bonne heure d'ailleurs, ces capitalistes urbains placèrent en terres une partie de leurs bénéfices. Le meilleur moyen de consolider leur fortune et leur crédit était, en effet, l'accaparement du sol. Ils consacrèrent une partie de leurs gains à l'achat d'immeubles, tout d'abord dans la ville même où ils habitaient, puis plus tard à la campagne. Mais ils se transformèrent surtout en prêteurs d'argent. La crise économique provoquée par l'irruption du commerce dans la vie sociale avait causé la ruine ou la gêne des propriétaires qui n'avaient pu s'y adapter. Car en développant la circulation de l'argent, elle avait eu pour résultat d'en amoindrir la valeur et partant, de faire hausser tous les prix. L'époque contemporaine de la formation des villes fut une période de vie chère, aussi favorable aux négociants et aux artisans de la bourgeoisie que pénible pour les détenteurs du sol qui ne parvinrent pas à augmenter leurs revenus. Dès la fin du xie siècle, on voit plusieurs d'entre eux obligés pour se maintenir de recourir aux capitaux des marchands. En 1147, la charte de Saint-Omer mentionne comme une pratique courante les emprunts contractés chez les bourgeois de la ville par les chevaliers des alentours. Mais des opérations bien plus considérables étaient déjà pratiquées à cette époque. Il ne manquait pas de marchands assez riches pour consentir des emprunts de grande envergure. Vers 1082, des marchands de Liége prêtent de l'argent à l'abbé de Saint-Hubert pour lui permettre d'acheter la terre de Chevigny, et quelques années plus tard, avancent à l'évêque Othert les sommes nécessaires pour acquérir du duc Godefroid, sur le point de partir pour la croisade, son château de Bouillon[4]. Les rois eux-mêmes recourent dans le courant du xiie siècle aux bons services des financiers urbains. William Cade est le bailleur de fonds du roi d'Angleterre[5]. En Flandre, au commencement du règne de Philippe-

Auguste, Arras est devenue par excellence une ville de banquiers. Guillaume le Breton la décrit comme pleine de richesses, avide de lucre et regorgeant d'usuriers :

> Atrabatum... potens urbs... plena
> Divitiis, inhians lucris et foenore gaudens[6].

Les villes de la Lombardie, puis à leur exemple celles de Toscane et de Provence la surpassent de beaucoup dans ce commerce, auquel l'Église cherche en vain à s'opposer. Depuis le commencement du xiiie siècle, les banquiers italiens étendent déjà leurs opérations au Nord des Alpes et leurs progrès y sont si rapides qu'une cinquantaine d'années plus tard, ils se sont substitués partout, grâce à l'abondance de leurs capitaux et à la technique plus avancée de leurs procédés, aux prêteurs locaux[7].

La puissance du capital mobilier concentré dans les villes ne leur a pas seulement donné l'ascendant économique, il a contribué aussi à les mêler à la vie politique. Aussi longtemps que la société n'avait connu d'autre pouvoir que celui qui dérive de la possession de la terre, le clergé et la noblesse avaient seuls participé au gouvernement. La hiérarchie féodale était constituée tout entière sur la base de la propriété foncière. Le fief, en réalité, n'est qu'une tenure et les relations qu'il crée entre le vassal et le seigneur ne sont qu'une modalité particulière des relations qui existent entre le propriétaire et le tenancier. La seule différence, c'est que les services dus par le premier au second au lieu d'être de nature économique sont de nature militaire et politique. De même que chaque prince territorial requiert l'aide et le conseil de ses vassaux, de même, étant lui-même vassal du roi, il est astreint à son égard à des obligations analogues. Ainsi, seuls interviennent dans la direction des affaires publiques ceux qui détiennent le sol. Ils n'y interviennent d'ailleurs qu'en payant de leur personne, c'est à dire, pour employer l'expression consacrée *consilio et auxilio*, par leur conseil et par leur aide. De contribution pécuniaire aux besoins de leur suzerain, il ne peut être question à une époque où le capital foncier ne sert qu'à entretenir ses détenteurs. Le caractère le plus frappant peut-être de l'État féodal, c'est le caractère rudimentaire de ses finances. L'argent n'y joue aucun rôle. Les revenus domaniaux du prince alimentent presque exclusivement sa cassette. Il lui est impossible d'augmenter ses ressources par l'impôt, et son indigence financière lui interdit de prendre à son service des agents révocables et salariés. Au lieu de fonctionnaires, il n'a que des vassaux héréditaires et son autorité sur eux est limitée par le serment de fidélité qu'ils lui ont prêté.

Mais du jour où la renaissance commerciale lui permet d'augmenter ses revenus et que l'argent monnayé commence, grâce à elle, à affluer dans ses coffres, on le voit aussitôt tirer parti des circonstances. L'apparition des baillis au cours du xiie siècle, est le premier symptôme du progrès politique qui va permettre au pouvoir princier de fonder une véritable administration publique et de transformer peu à peu la suzeraineté en souveraineté. Car le bailli est, dans toute la force du terme, un fonctionnaire. Avec ce personnage amovible, rémunéré non par une concession de terre, mais par un traitement en argent, et tenu de rendre compte annuellement de sa gestion, s'affirme un nouveau type de gouvernement. Le bailli est placé en dehors de la hiérarchie féodale. Sa nature est toute différente de celle des anciens justiciers, maires, écoutètes ou châtelains, qui exercent leurs fonctions à titre héréditaire. Il y a entre eux et lui la même différence qu'entre les vieilles tenures serviles et les nouvelles tenures libres. Des causes économiques identiques ont transformé tout à la fois l'organisation foncière et l'administration des hommes. De même qu'elles ont permis aux paysans de s'affranchir et aux propriétaires de substituer la censive au *mansus* domanial, elles ont permis aux princes de s'emparer, grâce à des agents rétribués, du gouvernement direct de leurs territoires. L'innovation politique, comme les innovations sociales dont elle est contemporaine, suppose la diffusion de la richesse mobilière et de la circulation de l'argent. On se convaincra sans peine de l'exactitude de cette manière de voir si l'on observe que la Flandre, où la vie commerciale et la vie urbaine se sont manifestées plus tôt que dans les autres régions des Pays-Bas, a connu bien avant elles l'institution des baillis.

Les rapports qui se sont établis entre les princes et les bourgeoisies ont eu aussi des conséquences politiques de la plus grande portée. Il était impossible de ne point tenir compte de ces villes auxquelles leur richesse croissante donnait un ascendant de plus en plus fort, et qui pouvaient mettre sur pied, en cas de besoin, des milliers d'hommes bien équipés. Les conservateurs féodaux n'eurent tout d'abord que du mépris pour l'outrecuidance des milices urbaines. Otton de Freisingen s'indigne de voir les communiers de la Lombardie porter le casque et la cuirasse et se permettre de tenir tête aux nobles chevaliers de Frédéric Barberousse. Mais l'éclatante victoire remportée à Legnano (1176) par ces manants sur les troupes de l'empereur, ne tarda pas à montrer ce dont ils étaient capables. En France, les rois ne manquèrent pas de recourir à leurs services. Ils se donnèrent comme les protecteurs des communes, comme les gardiens de leurs libertés et firent apparaître la cause de la couronne comme solidaire des franchises urbaines. Philippe-Auguste devait recueillir les fruits d'une politique si habile. La bataille de Bouvines (1214) qui établit définitivement la prépondérance de la royauté à l'intérieur de la France et fit rayonner son prestige sur toute l'Europe, fut due en grande partie aux contingents militaires des villes.

L'influence des villes à la même époque ne fut pas moins considérable en Angleterre, encore qu'elle s'y soit manifestée d'une façon fort différente. Ici, au lieu de soutenir la royauté, elles s'insurgèrent contre elle à côté des barons, et elles contribuèrent ainsi à préparer le gouvernement parlementaire dont on peut faire remonter à la Grande Charte (1212) les lointaines origines.

Ce n'est pas seulement en Angleterre, au surplus, que les villes revendiquèrent et obtinrent une participation plus ou moins large au gouvernement. Leur tendance naturelle les portait à se transformer en républiques municipales. On ne peut guère douter que, si elles en avaient eu la force, elles ne fussent devenues partout des États dans l'État. Mais elles ne parvinrent à réaliser cet idéal que là où le pouvoir de l'État fut impuissant à contrebalancer leurs efforts.

Il en fut ainsi dès le xiie siècle en Italie, et plus tard, après la décadence définitive de l'autorité impériale, en Allemagne. Partout ailleurs elles ne parvinrent pas à secouer l'autorité des princes, soit, comme en Angleterre et en France, que la royauté fût trop puissante pour devoir capituler devant elles, soit, comme dans les Pays-Bas, que leur particularisme les empêchât de combiner leurs efforts pour conquérir une indépendance qui les eût mises sans retard aux prises les unes avec les autres. Elles restèrent donc en règle générale, soumises au gouvernement territorial. Mais celui-ci ne les traita pas en simples sujettes. Il avait trop besoin d'elles pour ne pas tenir compte de leurs intérêts. Ses finances reposaient sur elles en grande partie, et à mesure qu'augmentaient les attributions de l'État et partant ses dépenses, il éprouvait de plus en plus fréquemment la nécessité de recourir à la bourse des bourgeois. Nous avons déjà vu qu'au xiie siècle il leur emprunte de l'argent. Et cet argent, les villes ne le cèdent pas sans garanties. Elles savent bien qu'elles courent grand risque de n'être jamais remboursées, et elles exigent de nouvelles franchises en retour des sommes qu'elles consentent à prêter. Le droit féodal ne permettait au suzerain d'imposer à ses hommes que des redevances bien déterminées et restreintes à quelques cas toujours les mêmes. Il lui était donc impossible de les soumettre arbitrairement à la taille et d'en tirer les subsides indispensables. Les chartes des villes leur octroyaient à cet égard les garanties les plus solennelles. Force fut donc bien de s'entendre avec elles. Peu à peu les princes prirent l'habitude d'appeler des bourgeois dans les Conseils de prélats et de nobles avec qui ils conféraient sur leurs affaires. Les exemples de ces convocations sont encore rares au xiie siècle. Ils se multiplient au xiiie et, au xive siècle, la coutume se trouve définitivement légalisée par l'institution des États, dans lesquels les villes obtiennent après le clergé et la noblesse, une place qui devint bientôt, quoique la troisième en dignité, la première en importance.

Si les villes ont eu comme on vient de le voir, une influence de très vaste portée sur les transformations sociales, économiques et politiques qui se manifestèrent dans l'Europe Occidentale au cours du xiie siècle, il pourrait sembler à première vue qu'elles n'aient joué aucun rôle dans le mouvement intellectuel. Du moins faut-il attendre jusqu'à la fin du xiiie siècle pour rencontrer des œuvres littéraires et des œuvres d'art enfantées au sein des bourgeoisies et animées de leur esprit. Jusque là, la science demeure le monopole exclusif du clergé et n'emploie d'autre langue que le latin. Les littératures en langue vulgaire ne s'adressent qu'à la noblesse ou du moins expriment les idées et les sentiments qui sont les siens. L'architecture et la sculpture ne produisent leurs chefs-d'œuvre que dans la construction et l'ornementation des églises. Les halles et les beffrois, dont les plus anciens spécimens remontent au commencement du xiiie siècle, comme par exemple les admirables halles d'Ypres anéanties pendant la grande guerre, restent encore fidèles au style architectural des édifices religieux.

Pourtant, à regarder de plus près, on ne tarde pas à découvrir que la vie urbaine n'a pas laissé de contribuer pour sa part à enrichir le capital moral du Moyen Âge. Sans doute la culture intellectuelle y a été dominée par des considérations pratiques qui, avant la période de la

Renaissance, l'ont empêchée de prendre un large essor. Mais elle présente tout d'abord ce caractère d'être une culture exclusivement laïque. Dès le milieu du xiie siècle, les Conseils municipaux se sont préoccupés de fonder pour les enfants de la bourgeoisie des écoles qui sont les premières écoles laïques de l'Europe depuis la fin de l'Antiquité. Par elles, l'enseignement cesse de départir exclusivement ses bienfaits aux novices des monastères et aux futurs prêtres des paroisses. La connaissance de la lecture et de l'écriture étant indispensables à la pratique du commerce, n'est plus réservée aux seuls membres du clergé. Le bourgeois s'y est initié bien avant le noble, parce que ce qui n'était pour le noble qu'un luxe intellectuel était pour lui une nécessité journalière. L'Église ne manqua pas de revendiquer aussitôt sur les écoles municipales une surveillance qui provoqua de nombreux conflits entre elle et les autorités urbaines. La question religieuse est naturellement étrangère à ces débats. Ils n'eurent d'autre cause que le désir des villes de conserver la haute main sur les écoles créées par elles et dont elles entendaient conserver la direction.

Au reste, l'enseignement de ces écoles se borna, jusqu'à l'époque de la Renaissance, à l'instruction élémentaire. Tous ceux qui voulaient en savoir plus long devaient s'adresser aux établissements du clergé. C'est de ceux-ci que sortaient les clercs qui, à partir de la fin du xiie siècle, furent chargés de la correspondance et de la comptabilité urbaines, ainsi que de la rédaction des actes multiples nécessités par la vie communale. Tous ces clercs étaient d'ailleurs des laïques, les villes n'ayant jamais pris à leur service, à la différence des princes, des membres du clergé qui, en vertu des privilèges dont ils jouissaient, eussent échappé à leur juridiction. La langue dont firent usage les scribes municipaux fut naturellement tout d'abord le latin. Mais depuis les premières années du xiiie siècle on les voit adopter de plus en plus généralement l'emploi des idiomes nationaux. C'est par les villes que ceux-ci s'introduisirent pour la première fois dans la pratique de l'administration, et cette initiative correspond parfaitement à l'esprit laïque dont elles furent par excellence les représentants au milieu de la civilisation du Moyen Âge.

Cet esprit laïque s'alliait d'ailleurs à la ferveur religieuse la plus intense. Si les bourgeoisies se trouvèrent très fréquemment en lutte avec les autorités ecclésiastiques, si les évêques fulminèrent abondamment contre elles des sentences d'excommunication, et si, par contrecoup, elles s'abandonnèrent parfois à des tendances anti-cléricales assez prononcées, elles n'en étaient pas moins animées d'une foi profonde et ardente. Il n'en faut pour preuve que les innombrables fondations religieuses dont fourmillent les villes, que les confréries pieuses ou charitables qui y abondent. Leur piété se manifeste avec une naïveté, une sincérité et une hardiesse qui l'entraînent facilement au delà des bornes de la stricte orthodoxie. À toutes les époques, elles se distinguent par l'exubérance de leur mysticisme. C'est lui qui, au xie siècle, les fait prendre parti passionnément pour les réformateurs religieux qui combattent la simonie et le mariage des prêtres qui, au xiie siècle, y propage l'ascétisme contemplatif des béguines et des bégards, qui, au xiiie, explique l'accueil enthousiaste qu'y reçoivent les Franciscains et les Dominicains. Mais c'est lui aussi qui y assure le succès de toutes les nouveautés, de toutes les exagérations et de toutes les déformations du sentiment religieux. Depuis le xiie siècle, aucune hérésie ne s'est manifestée qui n'y ait aussitôt trouvé des adeptes. Il suffit de rappeler ici la rapidité et l'énergie avec laquelle s'y est propagée la secte des Albigeois.

Laïque et mystique tout à la fois, la bourgeoisie du Moyen Âge se trouve ainsi singulièrement bien préparée au rôle qu'elle jouera dans les deux grands mouvements d'idées de l'avenir : la Renaissance, fille de l'esprit laïque et la Réforme, vers laquelle conduisait le mysticisme religieux.

---

1. H. Van Werveke, *Comment les établissements religieux belges se procuraient-ils du vin au haut Moyen Âge ?* (*Revue belge de philologie et d'histoire*, t. II [1923], p. 643).
2. R. Génestal, *Le rôle des monastères comme établissements de crédit* (Paris, 1901).
3. H. Pirenne, *Les périodes de l'histoire sociale du capitalisme*, loc. cit., p. 269.
4. *Ibid.*, p. 281.
5. M. T. Stead, *William Cade, a financier of the xiith century* (*English Historical Review*, 1913, p. 209).
6. Guillaume le Breton, *Philipidis. Mon. Germ. Hist. Script.*, t. XXVI, p. 321.
7. G. Bigwood, *Le régime juridique et économique de l'argent dans la Belgique du Moyen Âge* (Bruxelles, 1920).

VILLES, MARCHÉS ET MARCHANDS AU MOYEN ÂGE

Revue historique, tome 67, 1898

VILLES, MARCHÉS ET MARCHANDS AU MOYEN ÂGE

J'ai tenté ici même[1], il y a quelques années, d'exposer l'état des recherches consacrées à la formation des villes du moyen âge. De cette enquête ressortait, en somme, une situation très simple et très nette. Au moment où j'écrivais, les diverses théories qui prétendaient expliquer les origines urbaines, soit par la gilde, soit par le droit domanial (*Hofrecht*), soit par les privilèges ottoniens et la constitution publique de l'époque franque, affaiblies déjà par leur mutuel antagonisme, n'avaient pu résister à la critique acérée de M. von Below. D'autre part, M. Sohm, réunissant dans une forte synthèse juridique et pliant sous l'effort de son vigoureux génie les résultats obtenus par MM. Schrœder et Schulte, formulait un nouveau système qui faisait du marché l'ancêtre de la ville. Sur le terrain déblayé des constructions anciennes, il élevait un édifice dont la logique et la belle ordonnance ne pouvaient manquer d'exercer tout d'abord sur les esprits désorientés par les démolitions de M. von Below une véritable fascination. Toutefois, à peine formulées, ses conclusions se trouvaient aux prises avec la critique. Les raisonnements sur lesquels elles se fondaient semblaient bien peu solides. On leur reprochait à bon droit d'abuser de l'abstraction juridique et d'être, en somme, plus ingénieux que convaincants. Néanmoins, une direction nouvelle était désormais indiquée, et c'est autour de la *Marktrechts-*

theorie que se ralliaient la plupart de ceux qui cherchaient une solution à la question si passionnante de la formation des villes.

Plus heureux que Nitzsch, qu'Arnold et que Heusler, dont les ouvrages semblent n'avoir guère exercé d'influence en dehors de l'Allemagne, M. Sohm a trouvé en France des partisans. En 1897, M. Huvelin, dans un remarquable *Essai historique sur le droit des marchés et des foires*, se ralliait aux propositions essentielles de la thèse du célèbre juriste. S'il se refuse à identifier avec lui la paix du marché et celle de la ville et à attribuer au *weichbild*, cette vertu magique par laquelle le sol où il s'élève est assimilé au palais royal, s'il considère la paix du marché comme un phénomène naturel et nécessaire parce qu'elle est indispensable aux transactions commerciales et si, utilisant les données fournies par l'ethnographie et les récits des voyageurs, il démontre que cette paix, loin d'être propre à l'antiquité germanique, se rencontre chez les peuples les plus divers, chez les Sémites comme chez les Indo-Européens, dans le moyen âge chrétien comme dans le moyen âge musulman ; il affirme, d'autre part, que « le droit du marché est identique au droit de la ville et que, si celui-ci, dans son dernier état, diffère en quelques points de celui-là, cela s'explique par une évolution tenant à la nature des choses et dont témoignent les textes. » En dépit des différences locales, le *mercatus* a produit partout la paix de la ville, le droit de la ville, la justice de la ville et le conseil de la ville. Ainsi, M. Huvelin se place au même point de vue que M. Sohm. Il est aussi catégorique, aussi exclusif, aussi absolu. Les « seules objections sérieuses » qui aient été formulées contre le système ne l'ont pas convaincu.

Pendant que M. Huvelin rédigeait son livre, paraissaient une série de travaux dont les auteurs abandonnaient tous la brillante théorie de M. Sohm : en France, mes études sur l'origine des constitutions urbaines au moyen âge[2] ; en Allemagne les articles de M. W. Varges dans les *Jahrbücher für Nationalœkonomie und Statistik*[3], les *Untersuchungen über den Ursprung der deutschen Stadtverfassung* de M. F. Keutgen[4] et le *Markt und Stadt in ihrem rechtlichen Verhältniss* de M. S. Rietschel[5].

Je n'ai pas à revenir sur les idées que j'ai jadis exposées à cette place. Je puis passer rapidement aussi sur les recherches de M. Varges, qui n'ont pas spécialement pour but de fixer le rapport qui existe entre le marché et la ville[6]. En revanche, je dois insister sur les dissertations de MM. Keutgen et Rietschel, qui ont accordé à cette question une attention toute spéciale. Par la clarté de l'exposition, la rigueur de la méthode et la sûreté de l'information, elles appartiennent d'ailleurs à ce qui a été écrit de meilleur pendant les dernières années sur les institutions au moyen âge[7]. Elles diffèrent toutefois par leur plan et par leur objet. M. Keutgen s'est proposé d'exposer au complet la genèse des institutions urbaines, tandis que M. Rietschel n'étudie ces dernières que dans leurs relations avec le marché urbain. C'est à ce point de vue que nous nous placerons également dans les pages suivantes.

En un point, et en un point essentiel, MM. Keutgen et Rietschel sont d'accord. Pour eux, la ville ne provient pas du marché. Le marché est extérieur à la ville, il existe à côté d'elle et indépendamment d'elle : elle ne lui doit ni sa paix, ni ses institutions, ni son tribunal. Bref, le *mercatus* n'est pas à l'origine du droit urbain.

Il m'est impossible ici d'exposer en détail comment MM. Keutgen et Rietschel établissent leur thèse, et je dois me borner à renvoyer le lecteur à leurs travaux. Il me sera permis toutefois de faire observer que, tandis qu'indépendamment l'un de l'autre ils arrivaient aux mêmes résultats, je formulais moi-même, dans mon étude sur l'origine des constitutions urbaines, des conclusions identiques. Ainsi, presque en même temps, bien que par des chemins très différents, trois travailleurs étrangers les uns aux autres se rencontraient au même point. Cette coïncidence est d'autant plus significative que des trois côtés l'étude a porté sur des sources différentes. Tandis que j'utilisais surtout les textes provenant d'entre la Seine et le Rhin, M. Keutgen s'attachait particulièrement à l'histoire des villes de l'Allemagne rhénane, et M. Rietschel portait son attention sur les agglomérations urbaines de date plus récente qui se sont formées entre le Rhin et l'Elbe. Je n'invoque d'ailleurs l'identité de mes conclusions avec celles des deux savants allemands que pour faire pleinement ressortir la vérité de ces dernières. L'examen des rapports entre le marché et la ville n'occupe que quelques pages dans mes articles, où l'espace m'était strictement mesuré. M. Keutgen, au contraire, lui a consacré un long chapitre et M. Rietschel son livre tout entier. Ce qui était seulement indiqué chez moi est abondamment démontré chez eux, et le problème, ce semble, peut être considéré comme résolu.

Si la ville du moyen âge ne peut être considérée comme un marché développé, elle est cependant l'œuvre des marchands. M. Rietschel a montré avec une précision admirable que toutes les villes de l'Allemagne transrhénane doivent leur origine à des agglomérations de *mercatores* fixées sous les murs des *burgen* et des *civitates*. La vie municipale s'est développée tout d'abord en dehors des murailles de l'enceinte primitive, dans les faubourgs (*suburbia*), où sont venus se fixer de plus en plus nombreux, à partir du xe siècle, des immigrants demandant au commerce et à l'industrie de nouveaux moyens d'existence. Des deux éléments que l'on rencontre à l'origine des villes, le vieux bourg militaire et le faubourg commercial, c'est ce dernier, le plus récent, qui a exercé l'influence décisive et qui a finalement absorbé l'autre. C'est parce que certains endroits sont devenus de bonne heure le centre d'un commerce permanent que ces endroits sont devenus des villes. À ce point de vue, on peut dire que la ville est un marché, non pas, il est vrai, dans le sens de *mercatus*, mais dans le sens de *forum*. La langue peut être invoquée en faveur de cette manière de voir. Tandis, en effet, qu'elle ne donne jamais à la ville le nom de *mercatus*, elle la désigne très fréquemment par des mots qui dans le latin du moyen âge s'appliquent aux places de commerce, je veux dire *forum*, *emporium* ou *portus*.

Je voudrais insister un instant sur l'histoire de ce dernier mot, parce qu'elle me paraît pouvoir apporter à la thèse de M. Rietschel une confirmation éclatante. On le rencontre très fréquemment dans une des contrées de l'Europe septentrionale où la vie urbaine s'est développée le plus hâtivement et avec le plus d'énergie, c'est-à-dire en Flandre. Dès le ixe ou le xe siècle, toute une série de localités du bassin de l'Escaut portent dans les textes le nom de *portus*, ainsi que l'on pourra s'en convaincre par la liste suivante :

- Bruges. xie siècle : « In pago Flandrensi, in portu videlicet Brugensi » (Translatio 1^a S. Bavonis. *Mon. Germ. Hist. Script.*, t. XI, p. 597).
- Gand. xe siècle. 941 « mansioniles omnes in portu Gandensi » (Van Lokeren, *Chartes de l'abbaye de Saint-Pierre à Gand*, t. I, p. 21, n° 15. Cf. Van de Putte, *Annales abbatiae S. Petri*, p. 87). – 942 « censum quod accipitur de mansionibus que site sunt in portu Gandavo » (V. Lokeren, *loc. cit.*, p. 28, n° 18). – 951 « mansure que sunt in portu Gandavo » (*Ibid.*, p.

27, n° 21). Cf. de nombreuses mentions analogues dans des chartes de 964 (*Cart. de Saint-Bavon*, p. 7), 967 (Lot, *les Derniers Carolingiens*, p. 399), etc. – xie siècle : « Pertransivit ad portum Gandensem » (*Vita S. Macharii, Mon. Germ. Hist. Script.*, t. XV, p. 618. Cf. *Miracula S. Bavonis, Ibid.*, p. 595, 596, 597). Les très nombreuses chartes de ratification de possessions de Saint-Pierre de Gand (dans Van Lokeren, *op. cit., passim*) contiennent jusqu'au xiiie siècle l'expression « portus Gandensis. »
- Tournai. viiie siècle : « Tornaii porti » (Prou, *les Monnaies carolingiennes*, p. 33). – xie siècle : « Portus Tornacensis » (*Vita S. Macharii, Mon. Germ. Hist. Script.*, t. XV, p. 616).
- Valenciennes. Époque mérovingienne : « Valencianis portus » (Duvivier, *le Hainaut ancien*, p. 67). – xie siècle : « Portus navium » (*Miracula S. Gisleni, Mon. Germ. Hist. Script.*, t. XV, p. 582)[8].

Le lecteur aura remarqué que l'on trouve dans cette liste le nom des plus puissantes communes flamandes du moyen âge. Ainsi, ces grandes villes doivent leur origine à des *portus*, c'est-à-dire à des étapes, à des débarcadères de marchandises, bref à des places de commerce. Aujourd'hui encore, en néerlandais, une ville s'appelle *poort* et un bourgeois est un *poorter*. Ces faits sont d'autant plus caractéristiques que nous ne possédons pas trace de fondation de *mercatus* dans les villes flamandes, ou que les marchés qui y ont été établis sont de date relativement récente et postérieurs à la formation des institutions municipales. Que conclure de là, sinon l'impossibilité d'appliquer la *Marktrechtstheorie* aux constitutions municipales de la Flandre ? Dans ce pays essentiellement urbain, on voit avec une netteté parfaite les villes naître dans les endroits vers lesquels se dirige naturellement le commerce. Elles sont, dans toute la force du terme, des *colonies de marchands*.

Est-il possible, toutefois, qu'il ait existé au haut moyen âge des colonies de marchands ? D'après une des principales autorités de ce temps en matière d'histoire économique, M. K. Bücher, on ne peut admettre, avant la période moderne, l'existence d'une classe d'hommes vivant exclusivement de vente et d'achat, c'est-à-dire d'une classe de marchands proprement dits[9]. Suivant lui, il n'y a pas eu alors de marchands de profession. Chacun est marchand en tant qu'il fréquente le marché local, mais cette fréquentation du marché pour chacun est passagère et intermittente. Le mot *mercator* désigne des vendeurs et des acheteurs, non des marchands dans le sens actuel et technique du mot, et c'est une erreur complète que de voir dans les premières bourgeoisies du moyen âge des groupes de commerçants.

Cette affirmation de M. Bücher me paraît trop absolue. Elle s'explique, je pense, si l'on songe que les recherches si neuves et si pénétrantes de l'éminent érudit ont porté surtout sur des villes de second ordre, et particulièrement sur Francfort[10]. Jusqu'au xve siècle, Francfort n'a été, en effet, qu'une localité à demi agricole, où la bourgeoisie s'adonnait encore en grande partie à la culture du sol et à l'élevage du bétail. Mais ce n'est pas aux villes de second ordre qu'il faut demander le secret des origines de la vie urbaine. Il importe, au contraire, et il importe au plus haut point, d'étudier celle-ci à ses sources mêmes, c'est-à-dire dans les grandes cités mercantiles. Et, dès lors, il me paraît impossible de ne pas découvrir que c'est au commerce et aux marchands de profession que ces dernières doivent l'existence. Les textes nous montrent qu'elles renferment en grand nombre, dès le xie siècle, des commerçants vivant exclusivement de leur profession. Il me suffira de signaler ici quelques textes qui ne peuvent laisser aucun doute sur ce point. En 1096, une charte mentionne à Dinant ceux « qui de mercimoniis suis vivunt cujuscumque officii[11]. » Un peu plus tard, les *Gesta episcoporum Cameracensium* racontent avec le plus grand détail l'histoire d'un marchand qui, simple serviteur d'un autre marchand à l'origine, parvint en quelques années à amasser une énorme fortune[12]. Que sont d'ailleurs en Flandre les membres de la hanse de Londres, sinon de purs marchands ? Qu'est-ce que le *praedives mercator*, qui suscita en 1078, une émeute contre l'archevêque de Cologne[13], et comment comprendre que la révolution communale de Cambrai ait été provoquée par les *mercatores*[14], si l'on se refuse à considérer ceux-ci comme formant, au milieu de la population urbaine, un groupe social parfaitement distinct ? Sans doute tous ces marchands ne sont pas de grands négociants. On trouve parmi eux les conditions les plus diverses. Il s'y rencontre, à côté de propriétaires de barques et de chevaux qui passent la plus grande partie de l'année en lointains voyages, de modestes artisans vendant *super fenestras*[15] le produit de leur travail. Je sais bien qu'ici se dresse une nouvelle objection. M. Bücher soutient, en effet, qu'au début de la période industrielle du moyen âge l'artisan était un simple ouvrier mettant en œuvre la matière première que ses clients lui confiaient. Je veux bien qu'il en ait été ainsi pour toute une série de métiers. Tout le monde sait, par exemple, que pendant très longtemps les tisserands n'eurent pas le droit d'acquérir de la laine pour leur propre compte : ils se bornaient à travailler la laine que les drapiers leur remettaient. Les tailleurs, les savetiers, les charpentiers se trouvaient fort probablement dans une situation analogue. Mais il convient, ce semble, de ne pas généraliser outre mesure un état de choses qui n'a pu se rencontrer dans toutes les branches d'industrie. Il me paraît bien difficile d'admettre que le potier ou le forgeron aient reçu des mains de leurs pratiques l'étain ou le fer qu'ils travaillaient. D'ailleurs, ici encore, les documents nous attestent l'existence d'artisans vendant directement au public les objets fabriqués par eux au moyen de matières premières qui leur appartiennent. Il faut bien croire, par exemple, que les boulangers, qui dès le milieu du xie siècle exposent du pain en vente *super fenestras*[16], ont acheté eux-mêmes le blé qui a servi à confectionner ce pain. Je me bornerai à signaler ce seul fait, M. von Below ayant réuni dans des articles récents un grand nombre de témoignages analogues en présence desquels on est forcé d'admettre, me semble-t-il, qu'une partie au moins des artisans du moyen âge doit être rangée au nombre des *mercatores*[17].

C'est donc à ce groupe de *mercatores* formé de marchands proprement dits et d'artisans que les auteurs les plus récents s'accordent à attribuer le rôle essentiel dans l'histoire de la formation des villes. Entre lui et les autres classes de la population urbaine existe une différence essentielle. Tandis, en effet, que ces dernières, formées de *milites*, de *ministeriales*, de *censuales*, sont fixées depuis très longtemps dans les *civitates* et les *castella* qui constituent les villes de la période agricole du moyen âge, les marchands nous apparaissent comme des immigrants étrangers. Ils viennent du dehors : ce sont des *advene*, des *coloni*. Ainsi, à parti du xie siècle, une population nouvelle et commerçante vient se juxtaposer à une population ancienne et domaniale et, par un renversement complet de la situation antérieure, l'élément le plus jeune finit par l'emporter sur l'élément le plus vieux. Le faubourg commercial réussit à absorber le vieille ville et à lui donner son droit et ses institutions. Celle-ci, il est vrai, s'est défendue. Là où elle possédait une organisation solide et complète, comme dans les villes épiscopales, elle a cherché à soumettre à cette organisation les nouveaux habitants. Mais partout la lutte a tourné, à la longue, à l'avantage de ceux-ci. Le temps travaillait pour les marchands. Le droit domanial ne pouvait l'emporter à une époque où la vie industrielle et commerciale se substituait à la vie agricole. M. von Below a montré parfaitement comment le *Hofrecht* a été vaincu partout, et sa démonstration est irréfutable. Il était aussi impossible d'imposer aux marchands un droit fait pour une société essentiellement rurale, qu'il le fut au viiie et au ixe siècle de maintenir, en face de la féodalité rendue nécessaire par la substitution du grand domaine à la petite propriété libre, la constitution populaire des premiers temps de l'époque franque.

La formation des villes s'explique donc essentiellement par des causes sociales et économiques. En suscitant dans les contrées situées sur les grandes voies naturelles de communication la formation d'une classe de marchands, la renaissance du commerce devait fatalement faire naître les villes. J'ai cherché à montrer ailleurs comment les marchands, étrangers tant par leur origine que par leur genre de vie, à la population des anciennes *civitates* sous les murs desquelles ils vinrent s'établir, durent nécessairement être régis par un droit et des institutions nouvelles[18]. M. Rietschel a, de son côté, insisté sur ce point essentiel avec une grande énergie. Il constate que le *jus mercatorum* a fait disparaître dans les villes les formes surannées de la procédure et qu'il a transformé la condition des personnes et des terres ; il montre excellemment comment la commune bourgeoise, par là même qu'elle se compose surtout de marchands, diffère profondément de la commune rurale[19]. Il admet toutefois qu'une des institutions fondamentales de la ville, je veux dire la paix urbaine, est de beaucoup antérieure à la période municipale du moyen âge. Il la considère, en effet, avec M. Keutgen, comme identique à la paix, dont on constate l'existence dès le xe siècle dans les *burgen* féodaux ou épiscopaux de l'Allemagne. Contenue tout d'abord dans les murs du bourg, cette paix se serait postérieurement étendue au faubourg : elle n'y serait pas née. Plus heureuse que le *Hofrecht*, qui est resté confiné dans l'enceinte des forteresses primitives, elle aurait fait la conquête de l'agglomération marchande, de sorte que, si dans la ville le droit civil provient du *jus mercatorum*, il en serait tout autrement du droit pénal.

On peut se demander si cette réserve est légitime.

Il est très vrai que dès une époque fort ancienne les *burgen* sont des

« lieux de paix, » mais il semble bien que la paix qui y règne soit très différente de celle que les textes nous apprennent à connaître dans les villes à partir du xiie siècle. On remarque tout d'abord qu'elle a pour sanction l'amende royale de soixante sous, tandis que l'infraction de la paix urbaine entraîne des châtiments corporels. Mais il y a plus. Si la *stadtfriede* n'est autre chose que la *burgfriede*, si au point de vue du droit pénal l'habitant de la ville est identique à l'habitant de la *burg*, si enfin c'est précisément à cause de cette situation juridique qu'il porte le nom de *burgensis*, on devrait trouver ce mot de *burgensis* dès les premiers temps du moyen âge. Or, c'est précisément le contraire qui a lieu. La langue appelle *cives*, *castrenes*, *civitatenses*, *castellani*, les habitants des *burgen* et ne leur donne jamais le nom de *burgenses*[20]. Dans les premiers textes où cette expression se rencontre, elle s'applique à la population nouvelle et elle est synonyme de *mercatores*. Les *burgenses* sont si peu la population de la forteresse primitive au pied de laquelle la ville s'est formée que, dans la charte de Huy, par exemple, ils reçoivent le droit d'occuper le château de l'évêque pendant la vacance du siège épiscopal[21]. Dans d'autres documents, tels que la charte de Saint-Omer, les *burgenses* sont nettement opposés aux *milites castrenses*. Ainsi, s'il est évident que le mot *burgensis* dérive du mot *burg*, il ne l'est pas moins que, lorsqu'il apparaît pour la première fois dans le latin du moyen âge, il a perdu sa signification première et désigne très nettement et très exclusivement la population municipale proprement dite. Il est possible même que ce mot, en dépit de son origine incontestablement germanique, ait été tout d'abord formé en France et se soit ensuite répandu en Allemagne. C'est en France du moins que l'on en trouve, à ma connaissance, les exemples les plus anciens[22]. Or, en français, le mot bourg (*burgus*), dont il dérive, n'a jamais désigné comme en allemand, une forteresse[23], mais simplement une agglomération entourée d'une palissade[24].

Si je ne craignais d'allonger outre mesure cette note déjà trop étendue, je pourrais faire valoir encore d'autres arguments contre l'identification de la paix de la *burg* avec la paix urbaine. Je me borne à en mentionner un seul qui me paraît très fort. C'est que, dès le xiie siècle, dans les communes du nord de la France, le mot *pax* est régulièrement employé comme synonyme du mot *communio*.

J'ai quelque peu insisté sur cette question parce qu'il s'en dégage, me semble-t-il, une conclusion très importante. Si, en effet, la paix urbaine ne provient pas de la paix de la *burg*, il faut rayer du nombre des facteurs qui ont contribué à la formation des constitutions municipales du moyen âge une institution purement germanique de plus. J'écris « de plus » à dessein, car il est intéressant de remarquer que les essais faits pou expliquer l'origine des villes allemandes par des facteurs exclusivement allemands ont échoué. Tour à tour, le *Hofrecht*, l'*Altfreiegemeinde*, la *Landgemeinde*, la Gilde, le *Marktrecht* se sont montrés incapables de résoudre le problème. Qu'en faut-il conclure, sinon que les constitutions urbaines ne sont pas un phénomène national, mais, au même titre par exemple que la féodalité, un phénomène social indépendant des races, des langues et des frontières ? Si, au lieu d'étudier séparément les villes françaises et les villes allemandes, comme on le fait presque toujours parce que l'on admet *a priori* qu'il doit exister entre elles une différence de nature, on s'habituait à les observer ensemble, on s'apercevrait bientôt, me semble-t-il, que des deux côtés du Rhin l'histoire urbaine présente une évolution identique et s'explique par les mêmes causes. À circonscrire en cette matière les recherches scientifiques dans les frontières des États modernes, on restreint son point de vue, on limite de gaîté de cœur le nombre de ses sources, on se prive du précieux secours que la méthode comparative fournit à l'histoire, on est incapable de distinguer, au milieu des nombreux éléments qui se rencontrent dans les constitutions municipales, ceux qui sont généraux et par conséquent essentiels de ceux qui sont locaux et partant secondaires. Sans doute, les différences de détail sont innombrables, mais le but de la science n'est-il pas précisément de reconnaître, sous le particulier et le contingent, l'universel et le nécessaire ? D'ailleurs, je ne crois pas qu'il soit possible d'opposer le groupe de villes françaises comme telles au groupe des villes allemandes. À y regarder de près, on voit très bien qu'il existe des familles de villes, mais que ces familles s'étendent indifféremment en deçà et au delà des frontières tracées sur la carte de l'Europe par le traité de Verdun. Elles ne sont déterminées ni par l'ethnographie ni par la politique. Cologne, Mayence, et Worms sont plus étroitement apparentées à Reims, à Noyon, à Laon et à Cambrai, qu'à Magdebourg ou qu'à Lubeck. Lille et Arras, dont la population est purement romane, sont les sœurs de Gand et de Bruges. Bref, les premières villes du nord de l'Europe, créées par les mêmes causes sociales et économiques, forment un même objet d'études. Ayant la même vie, elles ont eu les mêmes organes, et il importe de ne pas séparer arbitrairement dans les livres d'histoire ce que l'histoire a réuni.

H. Pirenne.

---

1. *Revue historique*, t. LIII, p. 52 et suiv.
2. *Revue historique*, t. LVII, p. 57 et suiv., 293 et suiv.
3. *Dritte Folge*, t. VI, VII, VIII, XII, XIV.
4. Leipzig, 1895.
5. Leipzig, 1897.
6. M. Varges a publié séparément, en 1892, dans les *Jahrbücher* cités, une réfutation de la théorie de M. Sohm sous le titre : *Stadtrecht und Marktrecht*.
7. Sur le livre de M. Keutgen, voy. les comptes-rendus critiques de MM. von Below dans le *Litterarisches Centralblatt*, 1895, col. 1677 ; Liesegang dans le *Jahrbuch für Gezetzgebung* de Schmoller, 1897 ; G. des Marez dans la *Deutsche Litteraturzeitung*, 1897, col. 1220 ; G. Espinas, dans le *Moyen Âge*, janvier-février 1897.
8. Le mot *portus* se rencontre naturellement dans bien d'autres régions que la Flandre. Il apparaît fréquemment dans les textes dès l'époque mérovingienne. Il désigne, non seulement un port de mer, mais tout endroit où l'on embarque ou débarque des marchandises : « Portus dictus a deportandis commerciis » (Isidore de Séville, *Étymologie*, l. XIV, ch. viii, §§ 39 et 40). Le tonlieu étant nécessairement perçu dans les *portus*, les seigneurs cherchèrent naturellement à multiplier ceux-ci (voy. Imbart de la Tour, dans *Mélanges Monod*, p. 76). Au xe et au xie siècle, les *portus* établis en dehors des villes sont encore nombreux. Voy. par exemple le *Cartulaire de Savigny*, éd. A. Bernard, n°s 290, 437, 635, et le *Cartulaire de Beaulieu en Limousin*, éd. M. Deloche, n°s 48, 50, etc. Les *portus* créés dans un intérêt purement fiscal ne prospérèrent pas et disparurent peu à peu. Seuls, ceux qui avaient été établis dans des conditions géographiques favorables devinrent des villes, parce qu'ils furent de bonne heure d'importantes places de commerce. Il en fut ainsi pour les premières villes de Flandre. Celles qui se trouvaient placées le long des cours d'eau se développèrent tout d'abord. Plus tard, celles qui se fondèrent loin des rivières conservèrent le nom de leurs aînées et furent, comme elles, appelées *poort*. Le nom de *poort* étant appliqué dès le xiiie siècle à toutes les villes, on oublia qu'il venait de *portus* et on le considéra comme la traduction flamande de *porta*. Cette fausse étymologie, adoptée dès le moyen âge (voy. de Pauw, *Nécrologe de Saint-Jean de Gand*, p. 71, 117, 180, etc., où Alta porta = hoogpoort, c'est-à-dire la ville haute), a été conservée par Warnkœnig et par la plupart des modernes. Elle est également insoutenable au point de vue historique et au point de vue philologique. La racine du mot *poort* est le cas oblique de *portus* considéré comme mot de la deuxième déclinaison. Voy. Kluge, *Geschichte der Altgermanischen Dialekte*, dans la deuxième édition du *Grundriss* de H. Paul. On trouve déjà dans Grégoire de Tours (*Vita et Virtutes Eparchi. Script. rer. Merov.*, t. III, p. 557, § 13) « omnibus portis relictis. » En néerlandais, *poort*, devenu le nom de la ville, a perdu son sens primitif. Un port proprement dit s'appelle *havene*.
9. K. Bücher, *Die Entstehung der Volkswirthschaft*, 2e éd., p. 90.
10. Le beau livre de M. Bücher, *Die Bevölkerung von Frankfurt am Main* (Tübingen, 1886), encore trop inconnu hors d'Allemagne, a créé la méthode d'interprétation des documents relatifs à la statistique du moyen âge.
11. Stan. Bormans, *Cartulaire de Dinant*, I, p. 13.

12. De Smet, *Gestes des évêques de Cambrai*, p. 122 et suiv. Cf. encore *Miracula S. Rictrudis* (comm. du xiie siècle) dans les *Acta Sanctor. Boll.*, mai, t. III, p. 111 : « Gandavi burgensis erat quidam, qui negotiationi deditus, navigatio Duacum frequenter ire consueverat, ferns et referens unde accresseret ei multiplex rerum opulentia. »
13. *Lamperti Hersfeldensis opera*, éd. O. Older-Egger, p. 186. Ce sont bien des marchands de profession que ces hommes dont parle Lambert, *Ibid.*, p. 187 : « Ab ineunte aetate inter urbanas delicias educati... quique post venditas merces inter vina et epulas de re militari disputare soliti. » Alpert, au xie s., distingue très bien les mœurs spéciales des marchands « quibus... al aliis vicis (*pour* vicinis) differant » (Liesegang, *Niederrheinisches Städtewesen*, p. 576, note 1).
14. Un des chefs révoltés est Wibertus « mercator per multas terras cognitus » (*Gesta episcop. Camerac. Mon. Germ. Hist. Script.*, t. VII, p. 498).
15. Sur le sens de cette expression, voy. Fagniez, *Études sur l'industrie et la classe industrielle à Paris*, p. 49, 109.
16. Waitz, *Urkunden zur Deutschen Verfassungsgeschichte*, p. 22. Cf. Flach, *Les origines de l'ancienne France*, t. II, p. 369, note 3. Il est question dans ce passage d'un « advena... quem natura inopem protulerat sed manus arte docta mechanica locupletem effecerat. »
17. *Zeitschrift für Social— und Wirthschaftsgeschichte*, t. V, p. 138 et suiv. Cf. Rietschel, *op. cit.*, p. 56, note.
18. *Revue historique*, t. LVII, p. 57.
19. Rietschel, p. 165 et suiv.
20. Dans plusieurs châteaux du sud de la France qui, n'étant pas devenus des villes, ont conservé longtemps, durant le moyen âge, une physionomie très ancienne, les habitants sont encore appelés *caselas*, *castlas*, c'est-à-dire *castellant*. Voy. F. Funck-Brentano, *Chartes de coutumes de Pouy-Corgélart et de Bivès, Rev. hist.*, t. LXV, p. 307.
21. Waitz, *Urkunden*, p. 10.
22. La première mention que j'en connaisse appartient à l'année 1007 et est relative à l'Anjou (Flach, *les Origines de l'ancienne France*, t. II, p. 170). En 1056, le mot se rencontre dans le nord de le France, à Saint-Omer (Guérard, *Cartulaire de Saint-Bertin*, p. 184). De là il se répand dans l'Empire par l'intermédiaire de la Lotharingie. On le constate à Huy dès 1066, à Cambrai en 1083, et enfin à Mayence en 1099 (Waitz, *Verfassungsgeschichte*, éd. Zeumer, t. V, p. 406, note 2).
23. Dans plusieurs villes françaises, par exemple à Beauvais, à Valenciennes et à Tournai, on appelle *burgus* l'agglomération marchande formée sous les murs du *castrum* ou du *castellum*. Ce sont les habitants de cette ville nouvelle que l'on appelle *burgenses*. Cf. Flach, *op. cit.*, II, p. 273, note 2.
24. *Chanson de Raoul de Cambrai*, éd. Meyer et Longnon, vers 1390.

Copyright © 2024 par Alicia Editions

Couverture : Canva.com

ISBN Livre relié : 9782384552900

Isbn ebook : 978-2-38455-285-6

Tous droits réservés

www.ingramcontent.com/pod-product-compliance
Lightning Source LLC
LaVergne TN
LVHW032202070526
838202LV00007B/279